GEOGEBRA APPLICATION

iPhone

android

지오지브라 앱북

스마트폰으로 하는 수학

최경식 백성혜 지음

저자 최 경 식

kyeong@geogebra.or.kr

- 한국지오지브라연구소(연구소장)
- 서울대학교 수학교육과 졸업
- 지오지브라 사용자 인터페이스 및 공식문서 한글화
- 한국수학교육학회(교사 연수 위원)
- 2013년 올해의 과학교사상(미래창조과학부장관상) 수상

저자 백 성 혜

shpaik@knue.ac.kr

- 한국교원대학교 화학교육과 교수
- 서울대학교 화학교육과, 동대학원 과학교육과 졸업 (교육학 박사)
- 창의성, 융합교육, 교사 평가 전문성 등에 관한 연구

지오지브라 앱북
–스마트폰으로 하는 수학–

초판인쇄 2019년 4월 30일
초판발행 2019년 4월 30일

지 은 이 최경식, 백성혜

펴 낸 곳 지오아카데미
주 소 서울시 중구 퇴계로 213 일흥빌딩 408호
등 록 2016년 3월 7일 제395-2016-000014호
전 화 02)381-0706 | **팩스** 02)371-0706
이 메 일 emotion-books@naver.com
홈페이지 www.geobooks.co.kr

ISBN 979-11-87541-56-1
값 15,000원

이 도서의 국립중앙도서관 출판예정도서목록(CIP)은 서지정보유통지원시스템 홈페이지(http://seoji.nl.go.kr)와 국가자료공동목록시스템(http://www.nl.go.kr/kolisnet)에서 이용하실 수 있습니다.
(CIP제어번호 : CIP2019012116)

머리말

2009년 7월 14일. 오스트리아의 린츠(Linz)는 무척 더웠다. 그 곳에는 행성의 궤도가 타원이라는 것을 밝힌 **케플러**의 이름을 딴 **요하네스 케플러 대학**이 있었다. 요하네스 케플러 대학 안의 하겐버그 성에서 국제 지오지브라 컨퍼런스가 처음으로 열렸다. 이 컨퍼런스는 2001년에 개발된 이후로 전 세계에 급속도로 퍼져나가고 있던 **지오지브라**의 각 나라 대표들이 모인 자리였다. 이전에도 몇 차례의 지오지브라 컨퍼런스가 있었지만 전 세계의 지오지브라 관련자를 초청한 것은 이번이 처음이었다. 이 컨퍼런스를 통해 각국에서 지오지브라를 어떻게 활용하고 있는지 서로 공유되었고 앞으로의 발전 방향이 논의되었다.

시간이 지나면서 컨퍼런스에서 논의된 일들이 하나씩 성취되었다. 예를 들어 당시 지오지브라는 자바(Java) 기반이었는데 현재는 HTML5 및 각 OS의 네이티브 코드로 되어 있다. 이는 새로운 소프트웨어를 개발하는 것과도 같은 고된 작업이다. 이 작업을 통해 지오지브라는 다양한 형태의 디바이스에 앱의 형태로 녹아들 수 있는 기반을 갖추게 되었다.

지오지브라 3D의 경우에는 프랑스의 한 수학 교사와 몇 명의 학생이 개발 프로젝트를 시작했다. 당시에 개발환경은 상당히 열악했던 것으로 알고 있다. 그들의 헌신적인 노력을 통해 지오지브라 3D 엔진이 완성되고 현재는 그 어떤 수학 소프트웨어와도 견주어 손색이 없는 3D 환경을 갖추게 되었다.

또 다른 측면으로 지오지브라는 독자적인 CAS 엔진을 갖추게 되었고, 이를 통해 수치 연산을 주로 수행하던 이전과 달리 기호 연산을 능숙하게 수행하기 시작했다. 참고로 기호 연산이란 인간이 방정식을 해결하는 방식과 동일하게 방정식을 해결하는 것을 말하는 것이다. 그 외에도 지오지브라는 전자칠판(Interactive whiteboard), 마이크로소프트 오피스, 구글 크롬브라우저에 앱으로 삽입되었다.

각국에서 지오지브라를 교육에 투입하고자 하는 노력이 활발해졌다. 루마니아에서는 지오지브라를 탑재한 학생용 노트북을 모든 학교에 공급하였으며 각 나라마다 지오지브라를 활용한 디지털 교과서를 개발하기 시작했다. 이 모든 작업은 누구나 쉽게 수학을 즐기기를 바라는 사람들의 헌신에 의해 이루어졌음을 밝혀둔다.

이 책에서 소개하고자 하는 **지오지브라 앱**은 이 모든 과정 가운데 가장 핵심에 놓여 있다. 필자들은 지오지브라 앱을 **디지털 노마드**(Digital nomad)[1]라고 불리는 이 시대의 모든 사람들을 위한 수학, 그리고 수학 교육을 위한 앱이라고 말하고 싶다. 예를 들어

[1] 디지털 노마드는 정보통신 기술을 이용하여 업무를 처리하는 데 익숙하고 유목민적인 방식으로 삶을 살아가는 개개인을 일컫는다. 예를 들어 이들은 자신의 집이나 다른 나라, 커피숍, 도서관 등에서 다양한 스마트 디바이스를 활용하여 원격으로 업무를 처리한다.

지오지브라에서는 스마트폰이나 태블릿을 이용해 수학 도형을 그리고, 그것을 클라우드에 업로드하고, SNS에 공유하고, 다양한 환경에서 연속적으로 작업하는 것이 매우 자연스럽다. 또한 지오지브라에서의 작업은 현실과도 연결된다. 지오지브라 앱의 입체는 증강현실(Augmented Reality)로 나타낼 수 있고, 3D 프린팅을 통해 실물화도 가능하다.

이 책은 지오지브라 앱에 대한 가장 기본적인 설명을 하고 있다. 지오지브라 앱은 기능에 따라 종류가 다양하며 활용할 수 있는 모든 방법을 밝히기 위해서는 많은 지면이 필요하다. 그래서 필자들은 **지오지브라 앱(스마트폰, 태블릿)**을 다루는 가장 기본적인 방법에 집중하여 소개하고자 하였다. 그에 덧붙여 지오지브라 앱을 활용하여 교육 현장에 어떻게 투입할 수 있는지에 대한 구체적인 사례를 들고자 하였다. 이 책에서 제시한 사례는 필자들이 선정한 주제에 따라 스마트폰에서 지오지브라 자료를 조작하여 학습을 진행하는 것을 가정하고 서술한 것이다. 독자 여러분이 보실 때 부족한 점이 있더라도 너그럽게 이해해 주시길 바란다.

이 책을 통하여 독자 여러분이 지오지브라 앱을 활용하여 수학을 탐구하는 기쁨을 충만히 누리기를 기원한다.

2019년 3월 27일
저자 일동

일러두기

이 책은 지오지브라 앱의 활용방법을 제시하고 있다. 만일 지오지브라 클래식의 다양한 활용에 대하여 알고 싶은 경우 다음 서적을 참고할 수 있다.

- 최경식(2017). **지오지브라 명령어 사전**. 서울: 지오북스.
- ______(2018). **지오지브라 바이블 (제2판)**. 서울: 지오북스.
- ______(2018). **지오지브라 3D 바이블**. 서울: 지오아카데미.
- 최경식, 백성혜(2018). **지오지브라 코딩 바이블**. 서울: 지오아카데미.
- GeoGebra (2019). `https://www.geogebra.org/`.

차 례

제 | 편

지오지브라 앱의 소개

지오지브라 앱

CHAPTER 1

지오지브라 앱

1.1 지오지브라

지오지브라(GeoGebra)는 기하, 대수, 미적분, 통계, 이산수학, 3차원 기하를 다룰 수 있으며 비영리적인 목적[1]을 위해 무료로 사용할 수 있는 오픈소스 자유 소프트웨어이다.

지오지브라의 이름은 지오(Geometry; 기하)와 지브라(Algebra; 대수)의 합성어로 **동적 기하 소프트웨어**(DGS; Dynamic Geometry Software)와 **컴퓨터 대수 시스템**(CAS; Computer Algebra System)을 결합한 소프트웨어라는 의미를 담고 있다. 따라서 지오지브라는 다양한 수학 영역의 대상을 다룰 수 있는 **동적 수학 소프트웨어**(DMS; Dynamic Mathematics Software)라고 볼 수 있다.

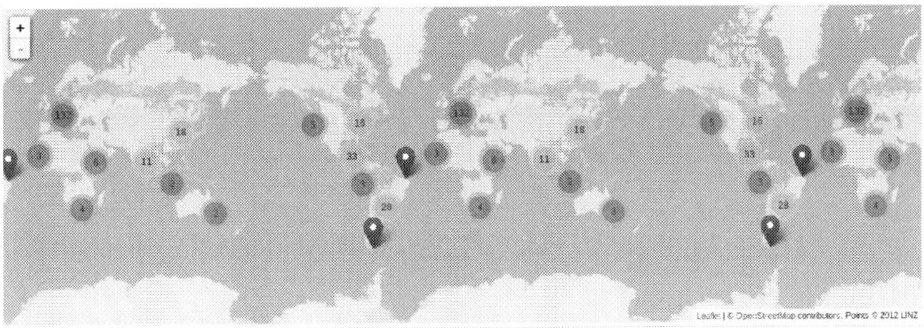

그림 1.1: 전 세계의 지오지브라 연구소

1.2 지오지브라의 역사

지오지브라는 오스트리아의 마르쿠스 호헨바터(Markus Hohenwarter)가 대학원생이었던 2001년도에 개발되었다. 마르쿠스 호헨바터는 수학교육과 컴퓨터 공학을 전공하였으며

[1]지오지브라와 연관되어 영리가 발생하는 경우에는 **국제지오지브라연구소** (IGI; International GeoGebra Institute) 의 허가가 필요하다. [office@geogebra.org(영어), kyeong@geogebra.or.kr(한국어)]

동적 기하 소프트웨어와 컴퓨터 대수 시스템을 결합한 소프트웨어를 개발하고자 하였다. 이러한 작업의 결실로 2002년에 지오지브라는 인터넷을 통하여 소프트웨어의 초기 버전이 공개되었고 오스트리아와 독일의 교사들에게 폭발적인 인기를 얻게 되었다. 같은 해 마르쿠스 호헨바터는 지오지브라의 개발로 EASA(European Academic Software Award) 상을 수상하였으며 현재는 오스트리아를 중심으로 전 세계의 프로그래머들과 지오지브라를 개발하고 있다.[2]

그림 1.2: 지오지브라 개발자인 마르쿠스 호헨바터 교수

1.3 이 책에서 다루는 지오지브라 앱

지오지브라는 각 플랫폼(안드로이드, iOS, 웹, 크롬, 윈도우즈)에 대하여 동일한 환경을 제공하고 있다. 이 책에서는 **스마트폰과 태블릿을 위한 지오지브라 앱**을 다룰 예정이다. 스마트폰과 태블릿을 위한 지오지브라 앱은 안드로이드 버전과 iOS 버전(Apple)으로 나눌 수 있으며 이 책에서는 지오지브라 앱의 안드로이드 버전(스마트폰[3], 태블릿[4])을 기준으로 설명할 것이다. [5]

[2]2008년에 최경식은 지오지브라의 인터페이스 및 관련 문서를 한글화하였으며 한국지오지브라연구소를 통해 지오지브라의 보급, 출판, 연수, 관련 연구 프로젝트를 담당하고 있다.

[3]삼성 갤럭시 노트 8에서 실행한 결과를 제시하였다.

[4]삼성 갤럭시탭 S3에서 실행한 결과를 제시하였다.

[5]안드로이드 앱과 iOS 앱에서의 차이점은 별도로 설명할 것이다.

1.4 지오지브라 스마트폰 앱의 설치

① Play 스토어 앱 의 검색창에 지오지브라 또는 geogebra를 입력하여 검색한다.

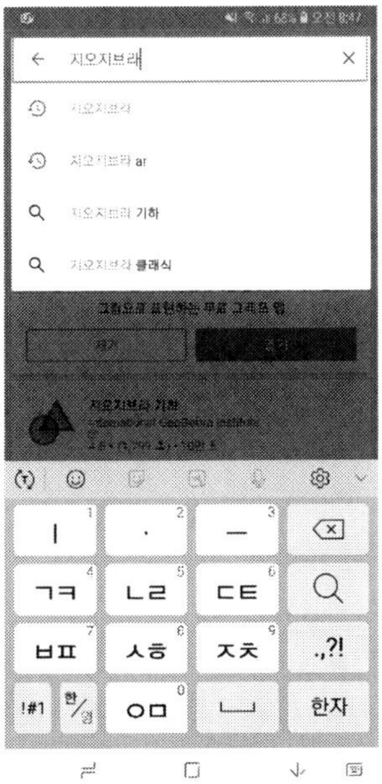

② 다음은 검색된 결과 가운데 공식 지오지브라 앱을 나타낸 것이다. 지오지브라 앱의 종류는 다음과 같다.

지오지브라 그래픽 계산기, 지오지브라 기하, 지오지브라 3차원 그래픽 계산기
지오지브라 CAS, 지오지브라 과학용 계산기

1.5 지오지브라 태블릿 앱의 설치

① 태블릿의 Play 스토어 앱 에서는 스마트폰과 달리 **지오지브라 클래식** 앱이 하나 더 검색된다.

② **지오지브라 클래식**은 기존의 지오지브라와 같이 기하, 대수, 미적분, 통계, 이산수학, 3차원 기하의 기능을 모두 포함하고 있는 앱이다.

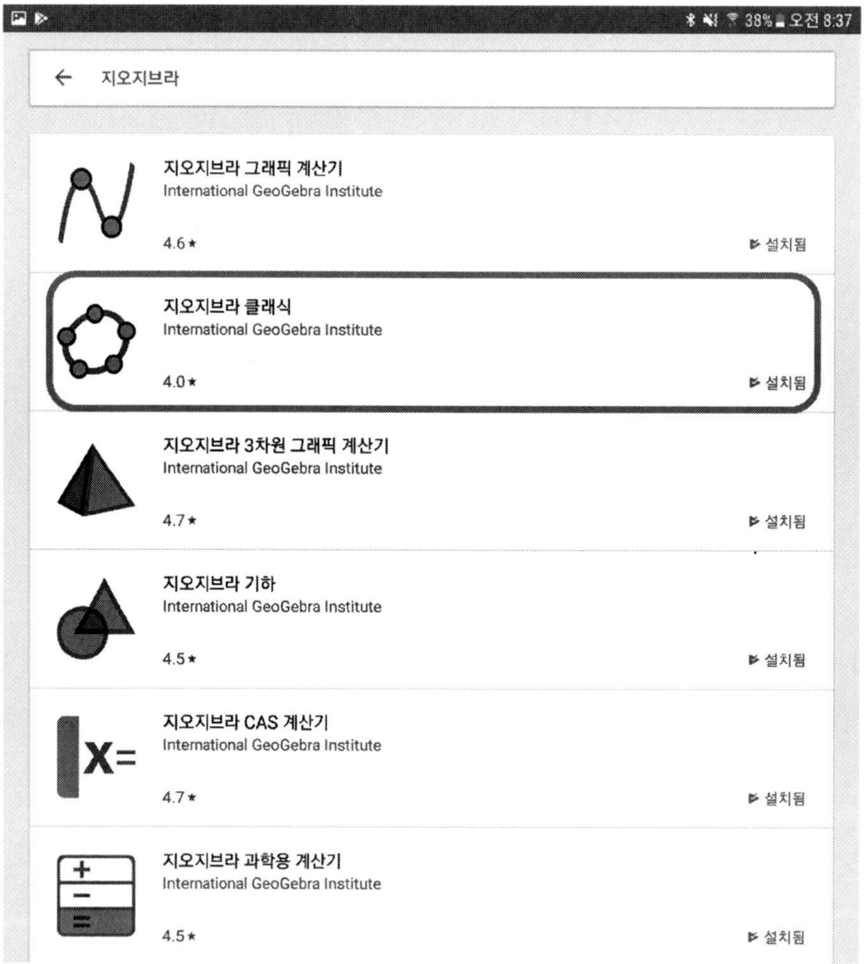

CHAPTER 2

지오지브라 웹

2.1 교실 학습 자료

교실 학습 자료는 지오지브라 자료를 저장하고 공유할 수 있도록 **지오지브라**[1]에서 제공하는 클라우드이다. 지오지브라 공식 웹사이트에 가입하면 용량이 무제한인 자료 저장 클라우드를 제공받으며 전 세계의 지오지브라 자료를 검색하여 활용할 수 있다.[2]

그림 2.1a에서 그래픽 계산기 시작 버튼을 스마트폰에서 터치 하면 스마트폰에 설치 앱이 실행된다. 그렇지 않더라도 지오지브라 웹버전이 실행된다.

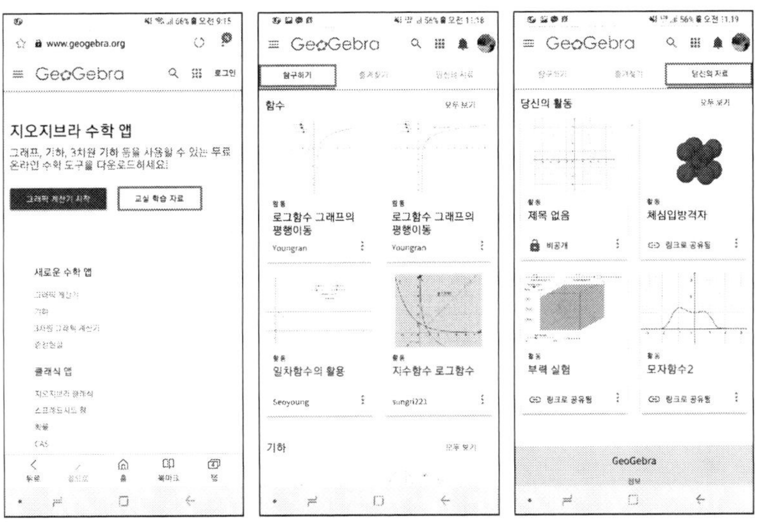

(a) www.geogebra.org (b) 탐구하기 탭 (c) 당신의 자료 탭

그림 2.1: 스마트폰에서 지오지브라 웹사이트에 접속하여 자료를 검색하는 모습

[1]지오지브라는 소프트웨어의 이름이기도 하지만 지오지브라 소프트웨어를 개발, 운영하는 팀을 지칭하기도 한다. 여기에서 후자를 의미한다.

[2]이를 활용하기 위해서는 지오지브라 웹사이트에서 로그인하는 것이 필요하다.

1 스마트폰에서 www.geogebra.org에 접속하여 교실 학습 자료 버튼을 터치 한다 (그림 2.1a).

2 탐구하기 탭에서는 전 세계 사람들이 만든 지오지브라 자료를 볼 수 있다(그림 2.1b).

3 당신의 자료 탭을 터치 하면 사용자의 개인 자료를 볼 수 있다(그림 2.1c).

2.2 지오지브라에 로그인(회원 가입)

지오지브라 웹사이트(www.geogebra.org)의 우측 상단의 로그인 을 터치 하면 로그인 하거나 계정을 만들 수 있다(그림 2.2a, 2.2b).[3]

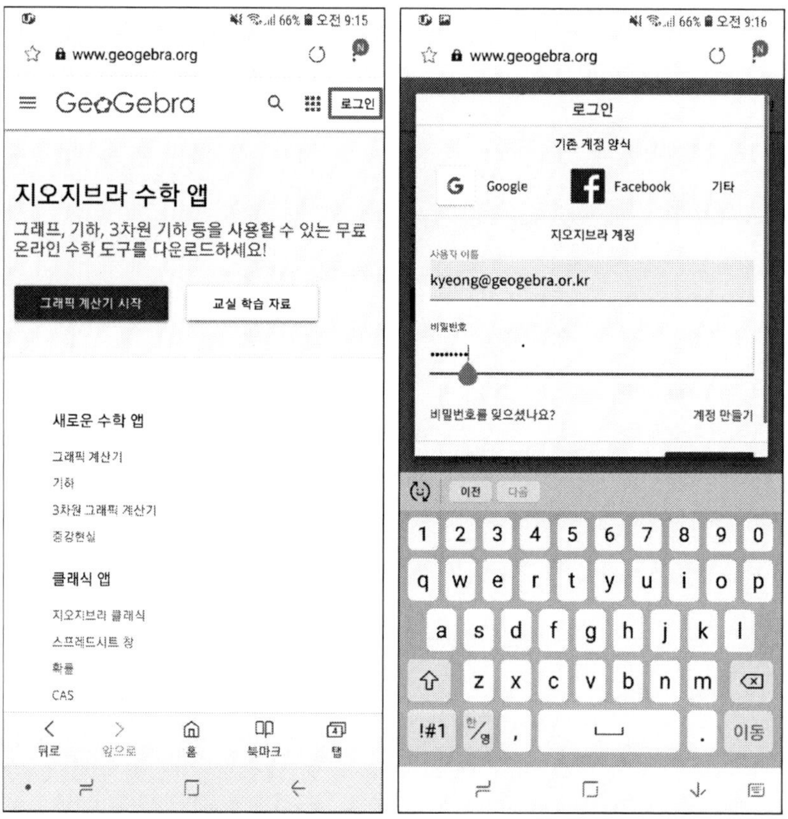

(a) 로그인 버튼 터치 (b) 계정, 패스워드 입력

그림 2.2: 지오지브라에 로그인 하는 모습

[3]구글(Google)이나 페이스북(Facebook) 계정이 있다면 간편하게 가입할 수 있다.

2.3 지오지브라 자료 공유

지오지브라 자료를 검색하다가 다른 사람에게 공유하고 싶은 자료를 만날 때가 있다. 그런 자료가 있다면 공유 버튼을 누르고 SNS에 자료를 공유하자!

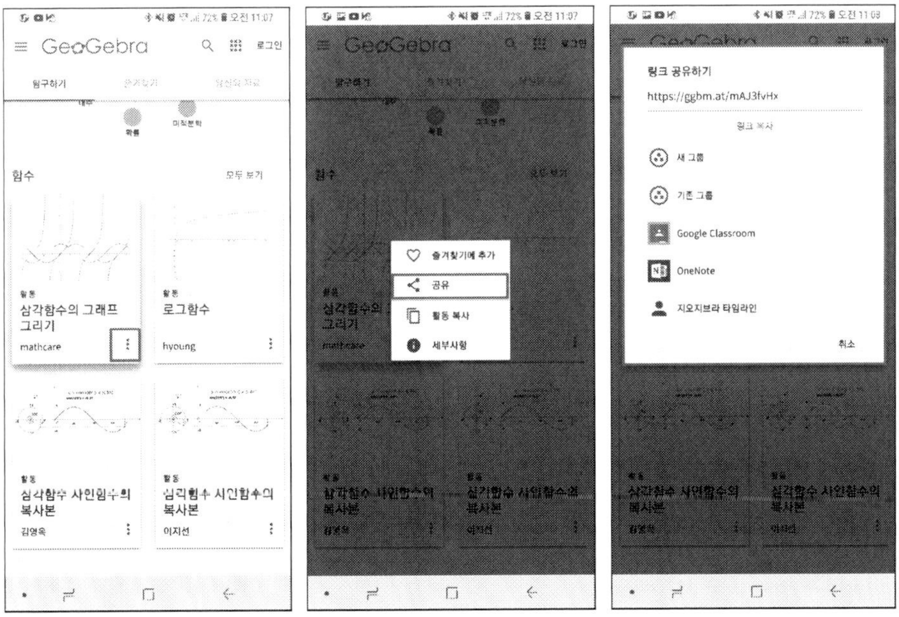

(a) 메뉴 버튼 누르기 (b) 공유 선택 (c) 공유할 방법 선택

그림 2.3: 지오지브라 자료를 공유하는 모습

2.4 지오지브라 그룹

지오지브라 웹에 관련지어 지오지브라 그룹을 소개하고자 한다. 지오지브라 그룹은 지오지브라에서 제공하는 학습 관리 시스템(LMS; Learning Management System)이라고 할 수 있다. 유사한 서비스를 제공하는 LMS로는 무들(Moodle), 구글 클래스룸(Google classroom) 등이 있다.

지오지브라 웹에 계정을 갖고 있으면 자신의 지오지브라 그룹을 만들 수 있다. 그룹을 개설한 후 지오지브라 계정을 가진 다른 교사나 학생, 친구들에게 그룹 코드를 입력하도록 하면 같은 그룹 안에서 활동할 수 있다.

(a) www.geogebra.org/groups (b) 가입된 그룹

그림 2.4: 지오지브라 그룹

지오지브라 그룹 안에서는 관리자가 글을 올릴 수 있으며, 참여자가 제시된 과제를 해결하거나 자신의 과제 해결된 것을 제출하여 교사로부터 피드백을 얻을 수 있다. 참여자가 해당 글을 읽었는지, 과제를 제출했는지가 하나의 표로 제시되기 때문에 마치 교사가 학생의 숙제를 점검하는 것과 같은 느낌을 받을 수 있다.

그림 2.5: 그룹 내 활동

제 II 편

지오지브라 앱의 종류

지오지브라 앱

CHAPTER 3

지오지브라 그래픽 계산기

3.1 지오지브라 그래픽 계산기의 실행화면

지오지브라 그래픽 계산기는 기하와 대수를 연결하여 보여주는 수학 앱이다. **지오지브라 그래픽 계산기**의 실행화면은 위에 기하창이 있고, 아래에는 **대수탭**, **기하탭**, **대응표 탭**이 있다(그림 3.1a). 필요에 따라 기하창은 확대될 수 있으며(그림 3.1b) **대수탭**에서의 입력을 위해 수식을 위한 **전용 키보드**가 제공된다(그림 3.1c).

(a) 처음 실행 화면 (b) 기하창의 확대 (c) 수식을 위한 전용 키보드

그림 3.1: 지오지브라 그래픽 계산기

3.2 수식 전용 키보드

3.2.1 키보드의 종류

스마트폰이나 태블릿에서의 수학적 대상을 다루기 어려운 이유는 수학에서 사용되는 수많은 기호와 수학 용어를 입력하기 어렵기 때문이다. 지오지브라에서는 **수식 전용 키보드**를 개발하여 내장시켰다. 이 키보드는 **수식 키보드**, **함수 키보드**, **영문 키보드**, **한글 키보드**, **그리스어 키보드**를 제공한다.

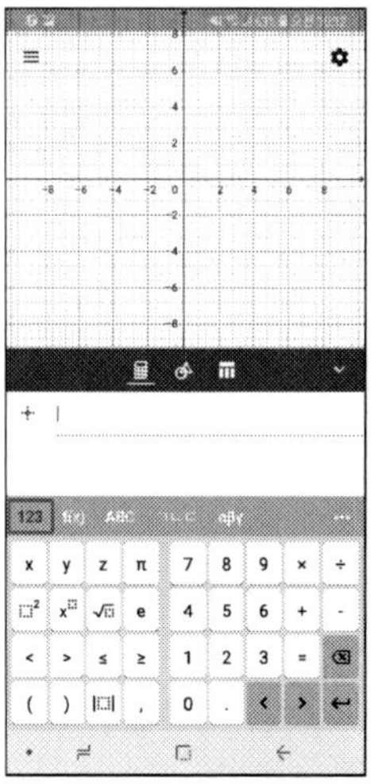

(a) 수식 키보드

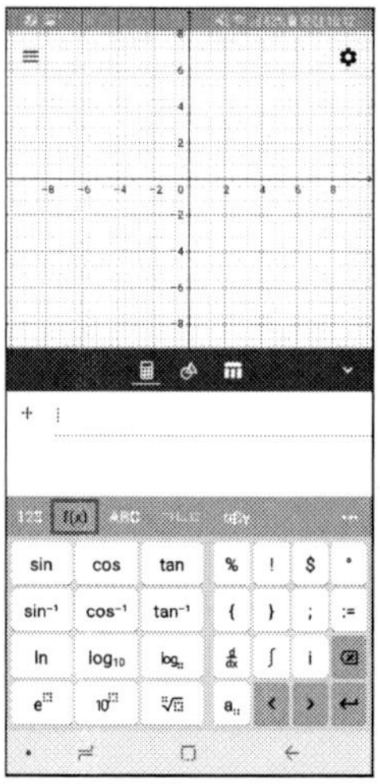

(b) 함수 키보드

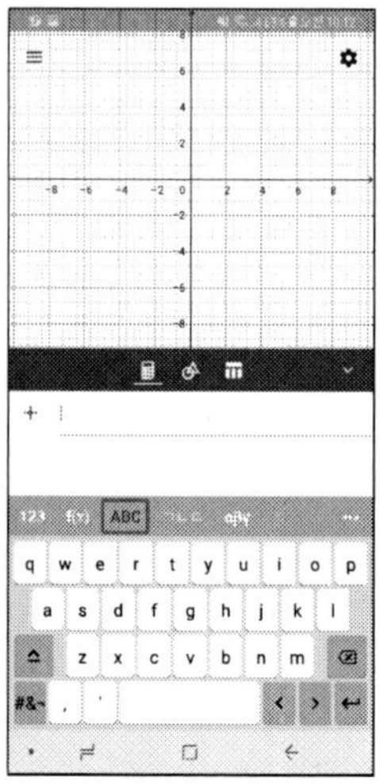

(c) 영문 키보드

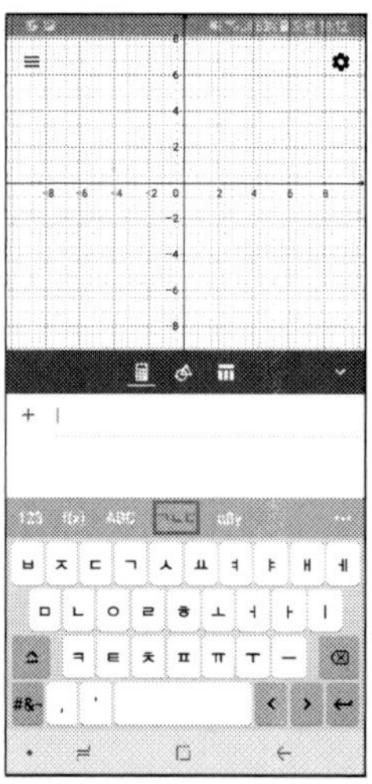

(d) 한글 키보드

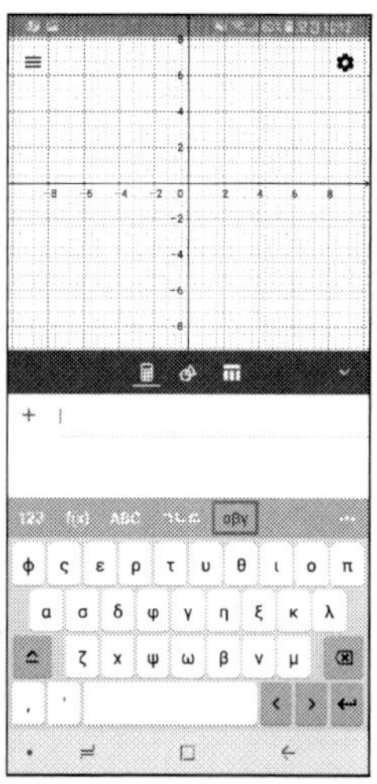

(e) 그리스어 키보드

그림 3.2: 수식을 위한 전용 키보드

3.2.2 입력도움말

지오지브라의 **수식 전용 키보드**에는 **입력도움말** ⋯ 버튼이 있다. 입력도움말 버튼을 터치 하면 **입력도움말**이 나타난다.

입력도움말에서 처음에는 명령어의 범주가 나타난다. 예를 들어 내장된 수학함수를 찾으려면 **수학함수**를 터치 하면 된다. 그러면 지오지브라 앱에 내장된 **수학함수**가 모두 나타난다.

(a) 입력도움말 버튼 (b) 명령어 범주 (c) 수학 함수(명령어)

그림 3.3: 입력도움말

3.3 함수식 입력

3.3.1 대응표

함수 $f(x) = x^2$이 대수셀에 정의되어 있다고 가정하자. 대수셀의 오른편에는 대수셀 메뉴 선택을 위한 ⋮ 버튼이 있다(그림 3.4a).

메뉴를 선택하면 **대응표, 특징점, 복사, 삭제, 설정사항**이 나타난다. 이 절에서는 **대응표**를 선택 하자.

그림 3.4b와 같이 대응표를 작성하기 위한 x값의 범위와 간격을 입력하는 공간이 나타난다. 특별히 조정할 이유가 없다면 확인 버튼을 선택 한다.

(a) 대수셀 메뉴 선택 (b) 대응표 설정사항

그림 3.4: 함수의 대응표 설정

대응표 탭을 터치 하면 함수에 대한 대응표가 나타난다(그림 3.5a). 각 열에는 메뉴 선택을 위한 ⋮ 버튼이 있다. 예를 들어 함숫값의 열의 ⋮ 버튼을 터치 하면 그림 3.5b와 같이 점 숨기기, 편집, 열 삭제 메뉴가 나타난다.

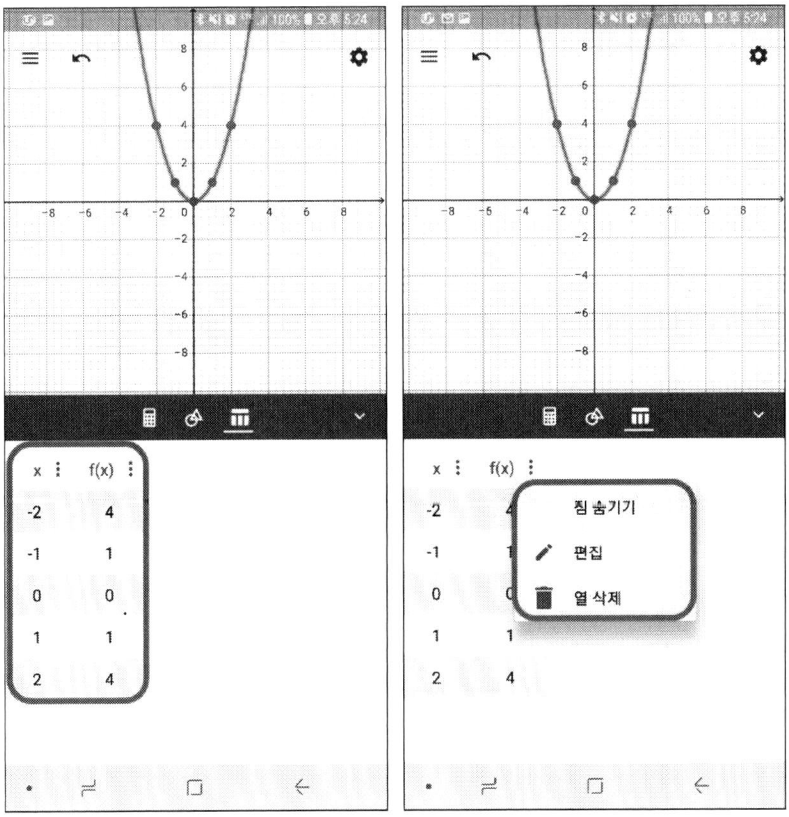

(a) 대응표 탭 (b) 대응표 편집

그림 3.5: 함수의 대응표 편집

3.3.2 특징점

대수셀 메뉴의 두 번째 항목인 **특징점**에 대하여 살펴보고자 한다. **특징점** 메뉴를 선택하면 함수의 특징을 나타내는 점들, 즉 **극점**, **변곡점**, **근** 등이 나타난다.[1]

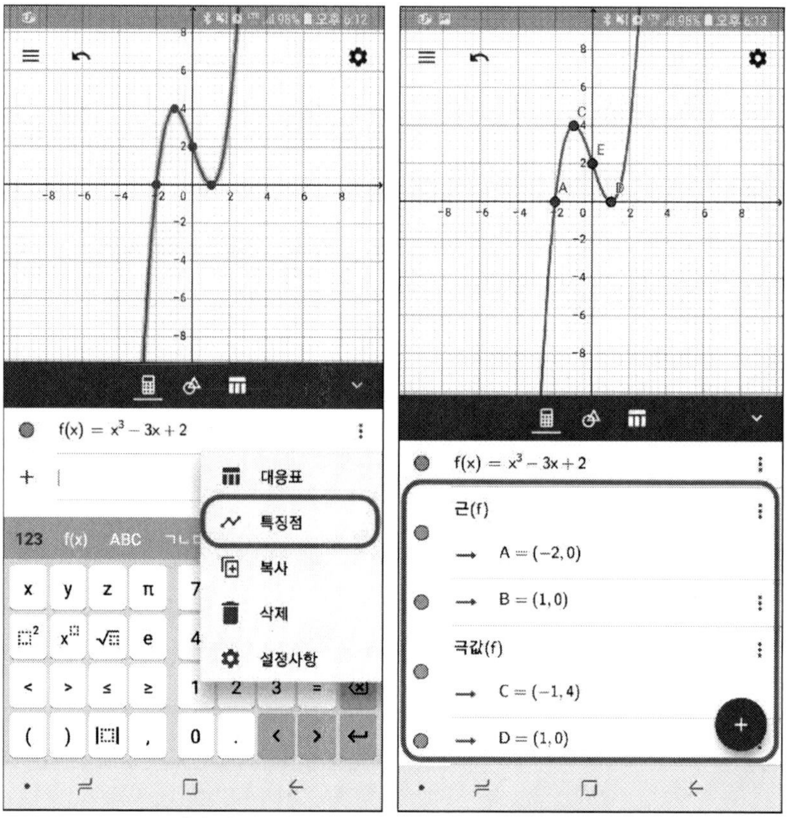

(a) 특징점 메뉴 (b) 특징점이 나타난 모습

그림 3.6: 함수의 특징점(Special point)

[1]특징점의 영어 이름은 Special point이다. 그 점들이 특별한 이유는 함수의 특징을 나타내기 때문이라는 점에 착안하여 특징점이라고 번역하였다.

3.3.3 설정사항

대수셀 메뉴의 다섯 번째 항인 **설정사항**에 대하여 살펴보고자 한다.[2] **설정사항** 메뉴를 선택하면 그 대상에 대한 다양한 설정사항이 나타난다.

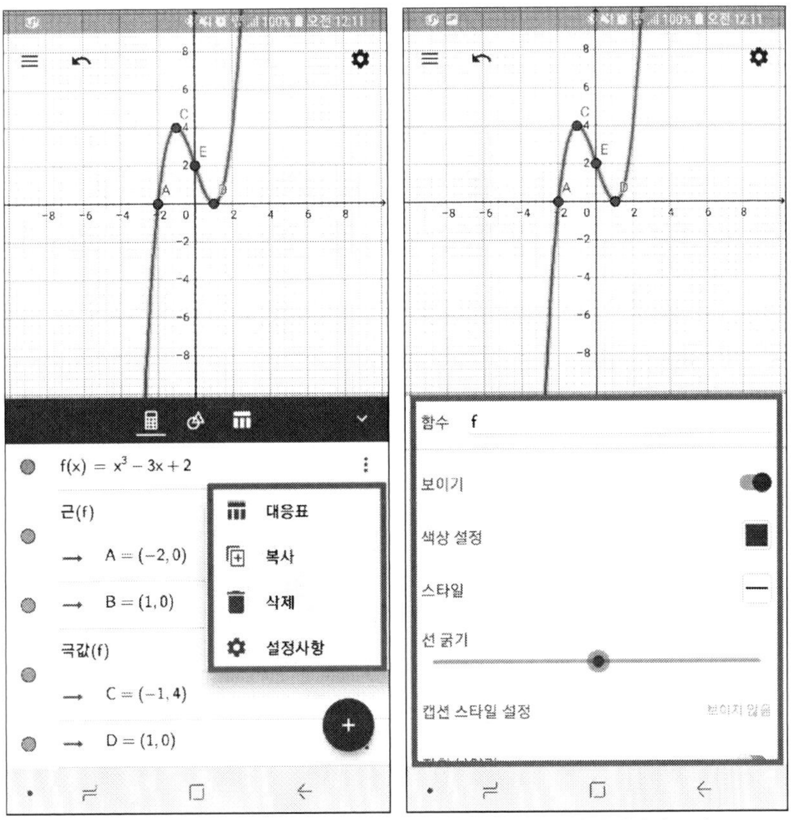

(a) 설정사항 메뉴　　(b) 설정사항이 나타난 모습

그림 3.7: 설정사항

[2]**복사**와 **삭제**는 직관적으로 그 의미를 알 수 있다고 생각되어 설명하지 않았다.

3.4 텍스트 입력

3.4.1 대수셀에서 텍스트 입력

대수셀 앞의 + 버튼을 터치하여 메뉴가 나타나면 "텍스트 를 선택한다(그림 3.8a). **대수셀** 앞에 텍스트 입력을 의미하는 " 가 보이기 버튼으로 나타난다. **보이기 버튼** " 을 터치 하면 **기하창**에 텍스트가 대상으로 나타난다.

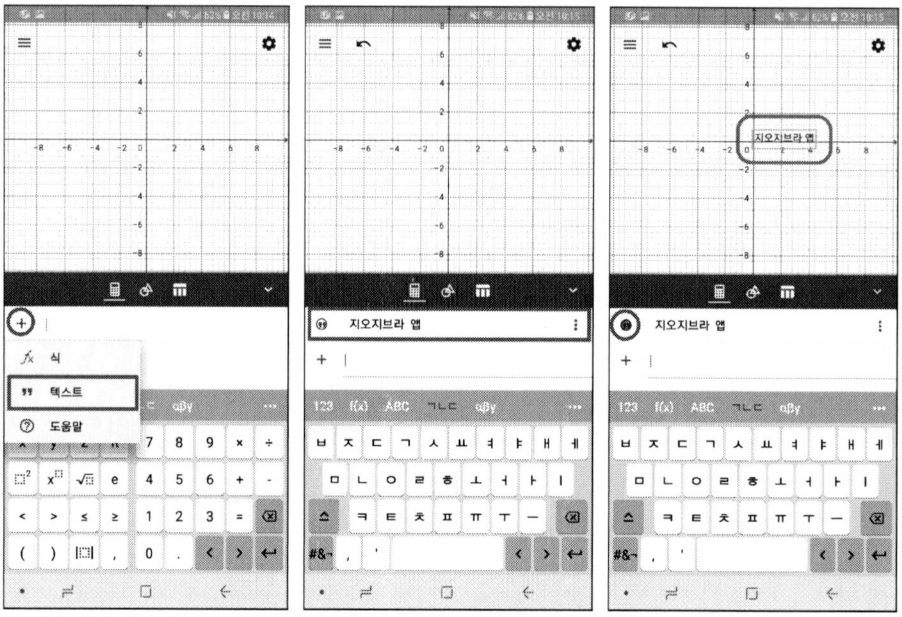

(a) 대수셀 앞의 + 버튼을 누른 모습 (b) 대수셀에 텍스트를 입력한 모습 (c) 입력된 텍스트 앞의 보이기 버튼을 누른 모습

그림 3.8: 대수셀에 텍스트 입력

3.4.2 설정사항

대수셀에 텍스트가 입력되었을 때 설정사항을 여는 모습이다.[3] 설정사항 메뉴를 선택 하면 텍스트에 대한 다양한 설정사항이 나타난다.

(a) 대수셀에서 메뉴 선택한 모습 (b) 텍스트 설정사항

그림 3.9: 대수셀에서 텍스트의 설정사항

[3]복사와 삭제는 직관적으로 그 의미를 알 수 있다고 생각되어 설명하지 않았다.

3.4.3 대상 수정

기하창에서 대상을 직접 터치 해도 설정사항을 위한 메뉴가 나타난다(그림 3.10). 사실 이와 같이 대상의 설정사항을 수정하는 것이 더 직관적이고 자연스럽다고 할 수 있다.

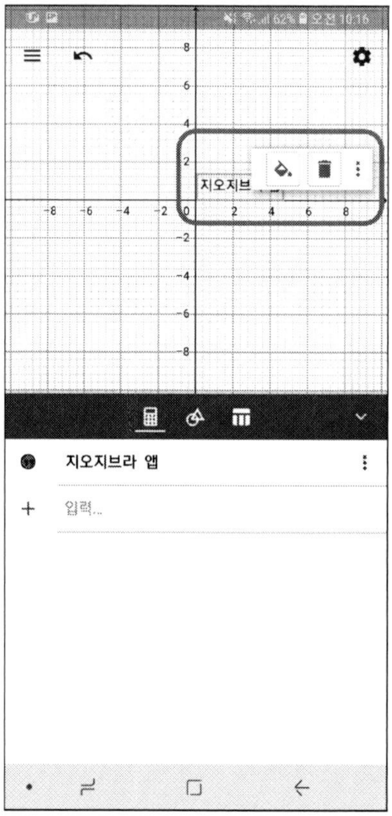

그림 3.10: 기하창에서 터치하면 나타나는 문맥 메뉴(Context menu)

3.5 기하탭

기하탭을 선택 하면 기하 작도를 위한 도구가 나타난다. 지오지브라 앱에서는 자주 사용되는 도구 세트가 먼저 제시되고 더 다양한 도구를 보려면 화면 아래의 펼치기 를 선택 해야 한다(그림 3.11).

도구의 사용법은 지오지브라 클래식[4]과 동일하다.

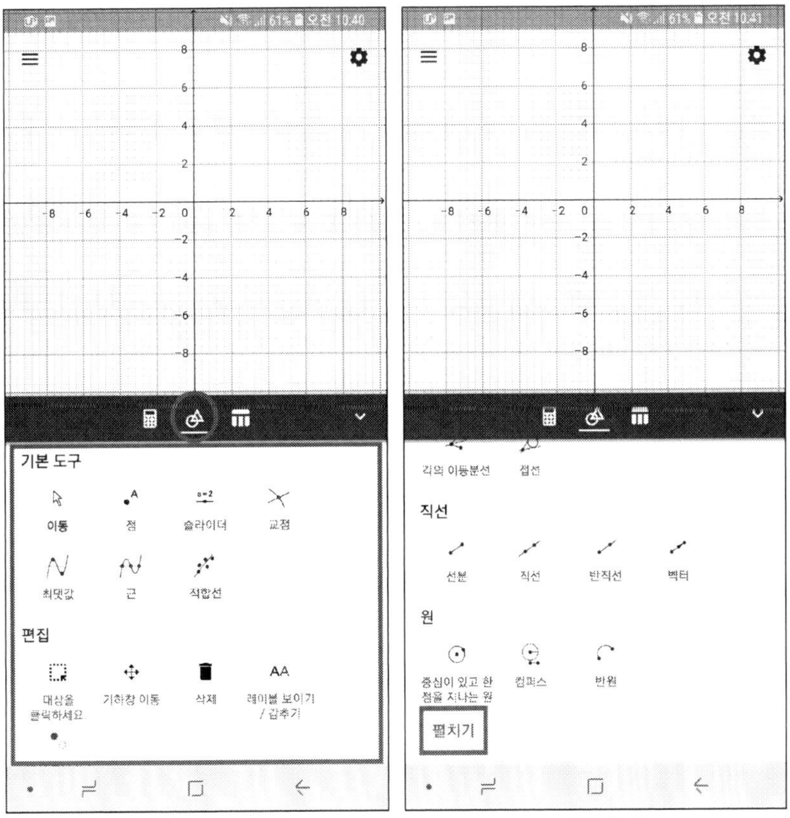

(a) 기하 도구 (b) 펼치기 메뉴

그림 3.11: 기하탭을 터치하면 나타나는 기하 도구

[4]지오지브라의 데스크톱 버전

3.6 메뉴

지오지브라 앱 왼편 상단의 메뉴 ≡ 버튼을 선택 하면 메뉴가 나타난다.

3.6.1 로그인

메뉴의 가장 위에는 로그인 메뉴가 있다. 만일 로그인 되지 않은 상태라면 로그인 버튼이 나타날 것이다(그림 3.12a). 로그인 된 상태라면 로그인한 사람의 **이름(별명)**과 로그아웃 버튼이 나타날 것이다(그림 3.12b). 로그인이 된 상태일 때만 **온라인**에 **저장**이 가능하다.

(a) 로그인 하기 전 모습　　(b) 로그인 한 후 모습

그림 3.12: 지오지브라 앱에 로그인

3.6.2 열기와 저장

열기 버튼을 선택 하면 지오지브라의 온라인 자료[5]가 나타난다. 그 화면에서 원하는 자료를 검색하여 지오지브라 앱에서 열 수 있다.

지오지브라 앱에서 원하는 자료를 만들고 저장 버튼을 누르면 **저장 대화상자**가 나타난다. 이때 **제목**을 입력하고 확인 버튼을 누르면 자료가 지오지브라의 클라우드로 저장된다. 로그인 된 상태라면 자신의 온라인 저장공간에 저장되지만 그렇지 않은 경우에는 자료가 온라인에 공개된 상태로 저장된다.

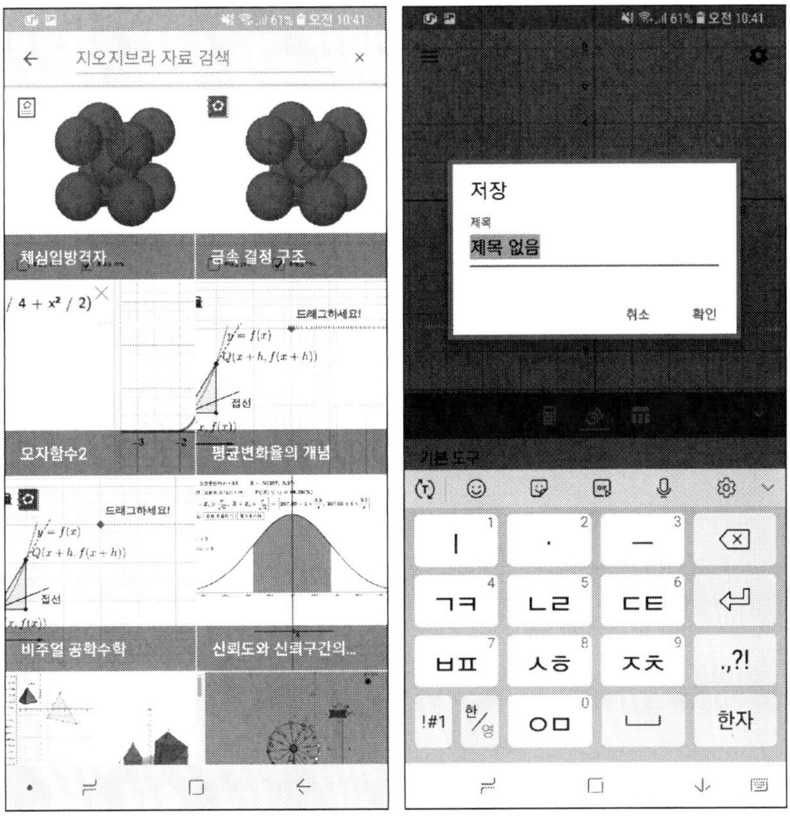

(a) 열기 버튼을 누른 모습

(b) 저장하기 버튼을 누른 모습

그림 3.13: 열기와 저장하기

[5]지오지브라에서 제공하는 자료 저장 클라우드

3.6.3 이미지 내보내기

이미지 내보내기 버튼을 선택 하면 화면 하단에서 이미지를 보낼 수 있는 링크와 함께 여러 앱이 제시된다. 그 가운데 한 앱을 선택하여 자신이 보내고자 하는 대로 이미지 파일을 전송할 수 있다(그림 3.14).[6]

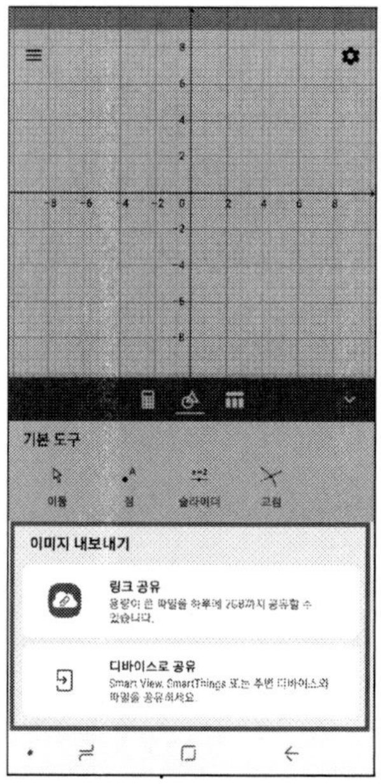

그림 3.14: 이미지 내보내기 버튼을 누르면 나타나는 항목

3.7 공유

공유 버튼을 선택 하면 **이미지 내보내기**와 같이 화면 하단에서 여러 앱이 제시된다. 마찬가지로 그 가운데 한 앱을 선택하여 자신이 보내고자 하는 대로 .ggb 파일을 전송할 수 있다.

3.7.1 앱

앱 버튼을 선택 하면 현재 지오지브라 앱 외의 다른 앱을 소개한다. 만일 해당 스마트폰에 다른 지오지브라 앱이 설치되어 있다면 실행되지만 그렇지 않다면 **구글 Play 스토어**[7]로 이동하여 앱을 설치하도록 한다.

---

[6]이것이 지오지브라 스마트폰 앱의 매력이라고 할 수 있다.

[7]애플의 경우에는 앱스토어

3.7.2 설정사항

일반탭

1 반올림 : 0부터 15 소수점 아래까지 표시 또는 3, 5, 10, 15자리의 유효숫자 표시

2 각도 단위 : 도(°), 라디안, 도(°) 분(') 초(")

3 레이블 보이기 : 새로운 모든 대상, 새로운 대상에 레이블 보이지 않음, 새로운 점만 이름이 보임

4 좌표 : $A = (x, y)$, $A(x|y)$, $A : (x, y)$

5 글자 크기 : 12, 14, 16, 18, 20, 24, 28, 32, 48pt

6 언어 : 약 200여개국어 이상의 언어로 번역되어 있다.[8]

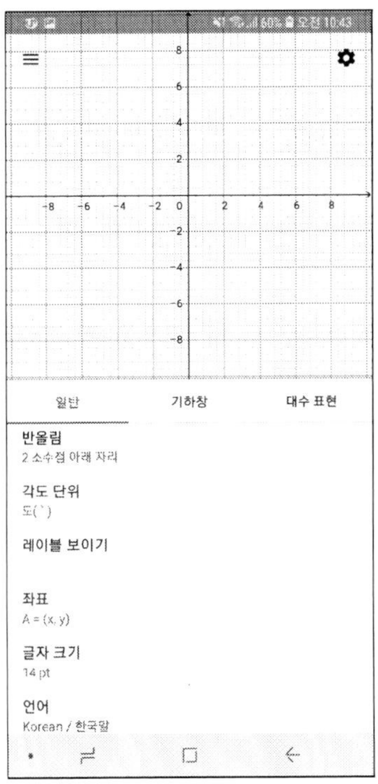

그림 3.15: 설정사항의 일반탭

[8]전 세계에는 7,097개의 언어가 존재하며 이 가운데 중국어, 스페인어, 영어, 힌디어, 아랍어 사용자의 비율은 전 세계 인구의 39.86%라고 한다. 이 가운데 10명 이하의 사용자를 갖는 언어도 140여개 이상이라고 한다. 200여개국어라는 것은 전 세계 인구중 약 90% 정도의 인구가 사용하는 언어로 지오지브라가 번역되었다는 뜻이다.(참고자료: `http://www.cld-korea.org/diversity/diversity2_1.php`)

기하창 탭

1. 표준 보기 : 화면을 처음 상태로 돌아가게 함
2. 모든 대상 보이기 : 지오지브라의 기하창에 있는 모든 대상을 나타냄
3. 축 보이기 : 축이 보이거나 보이지 않게 함
4. 격자 보이기 : 격자가 보이거나 보이지 않게 함
5. 격자 유형 : 주 격자선, 주 격자선과 보조 격자선, 극좌표, 등장변환
6. 거리 또는 길이 : 격자의 간격을 조절
7. 레이블 : x축, y축

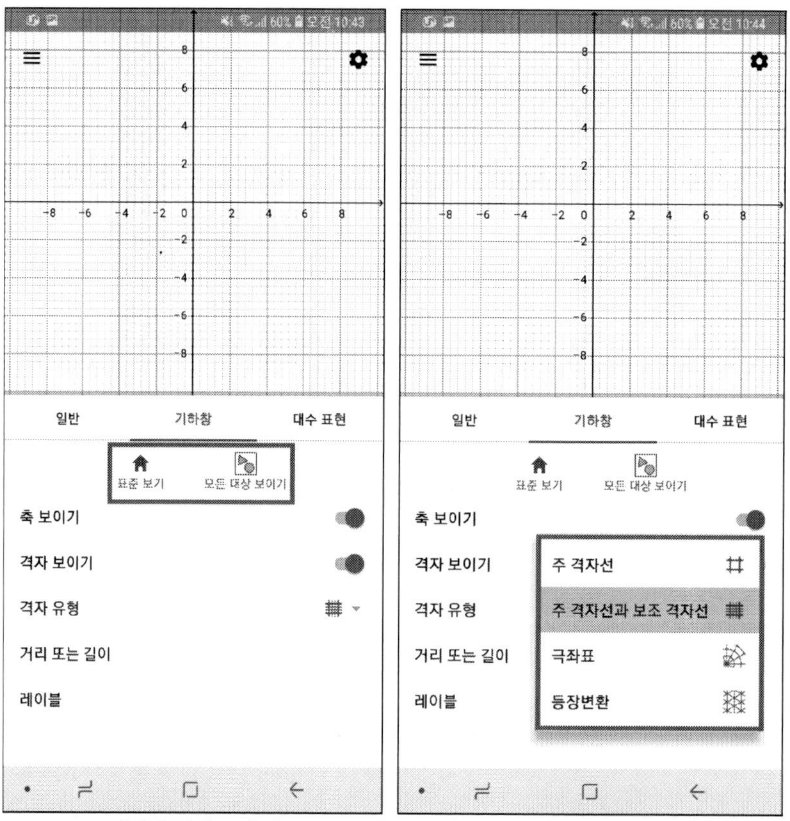

(a) 기하창 탭의 보기 메뉴
(b) 격자 유형

그림 3.16: 기하창 탭

대수 표현 탭

1 대수 표현 : 정의와 값, 값, 정의, 설명

2 보조적인 대상 : 지오지브라에서 수학 도형을 작도하는 과정에서 나타나는 대상을 지오지브라는 자동적으로 보조적인 대상에 설정하고 나타내지 않는다. 만일 해지하면 모든 대상이 대수창에 나타난다.

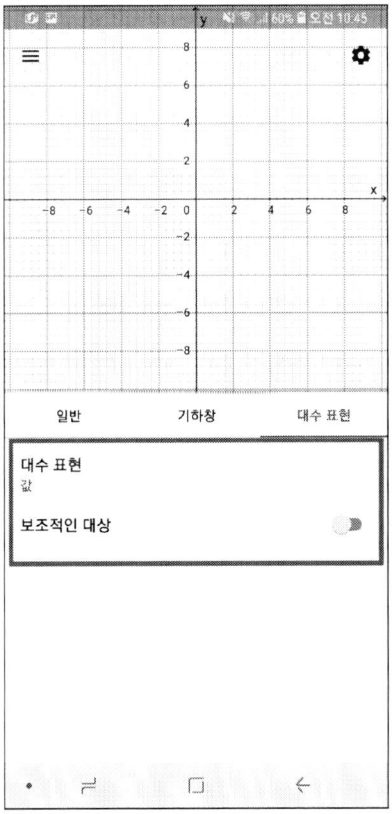

그림 3.17: 대수 표현 탭

3.7.3 도움말

도움말 버튼을 선택 하면 **질문하기**, **정보 / 라이선스**, **튜토리얼**의 메뉴가 나타난다. **질문하기** 메뉴는 **포럼**으로 연결되어 있다. **정보 / 라이선스** 메뉴는 지오지브라의 개발자, 번역자의 라이선스를 보여준다. **튜토리얼**은 현재 사용하고 있는 앱의 지오지브라 튜토리얼을 보여준다.

(a) 도움말 버튼을 누른 모습 (b) 포럼

(c) 라이선스 (d) 튜토리얼

그림 3.18: 도움말 버튼과 하위 메뉴

3.7.4 평가 모드

평가 모드 진입

평가 모드 버튼을 선택 하면 **평가 모드 준비** 라는 창을 통해 스마트폰을 **비행기 모드**로 전환하라는 안내문이 제시된다.

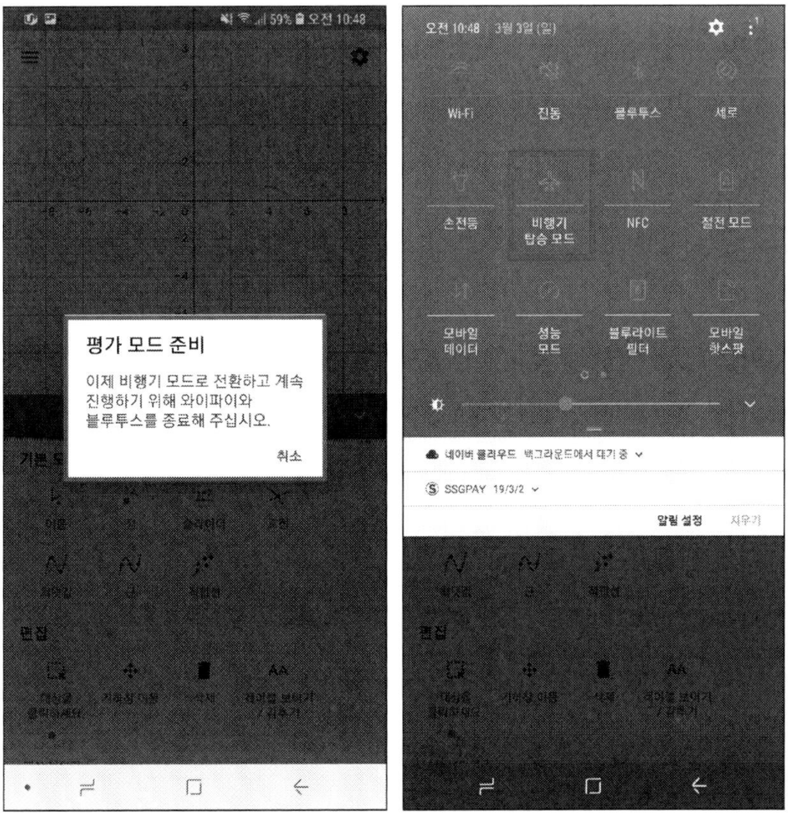

(a) 평가 모드 준비 (b) 비행기 모드 설정

그림 3.19: 평가 모드 진입

평가 시작

앱 고정 켜기 안내창이 나타난다. 안드로이드 OS를 기준으로 하여 화면 하단의 최근 앱 버튼, 뒤로가기 버튼의 두 키(key)를 동시에 길게 터치 하면 화면 고정이 해제된다.

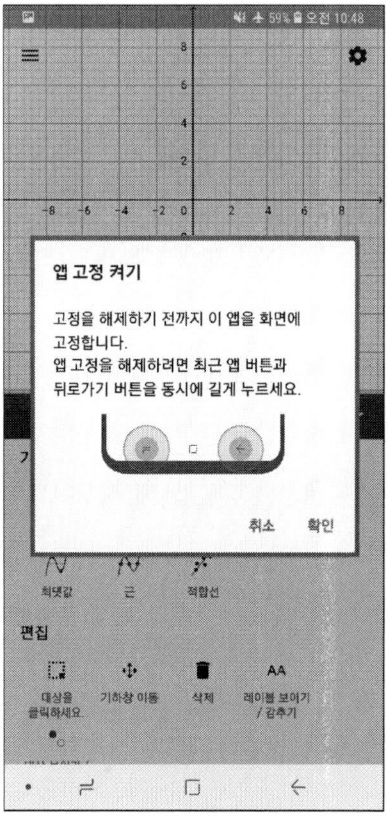

(a) 앱 고정 켜짐

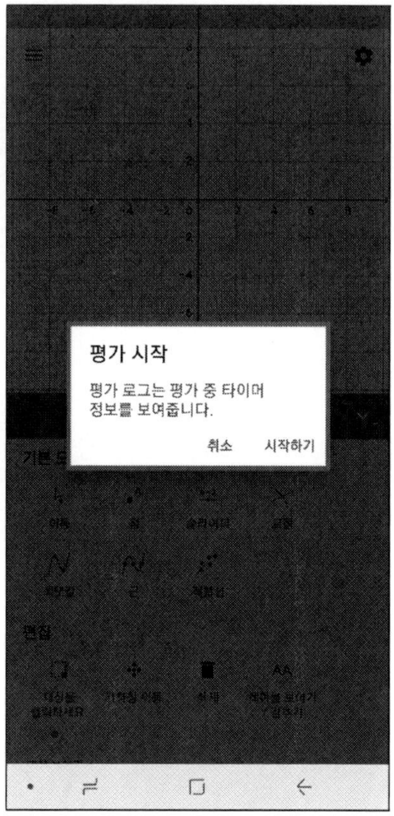

(b) 평가 시작 안내

그림 3.20: 화면 고정과 평가 시작

평가 종료

메뉴 ≡ 버튼에서 평가 종료 를 선택 하면 안내창이 제시되며 그림 3.21과 같이 평가 모드 상황에 대한 안내가 캡쳐 저장되었다는 메시지가 나타난다.

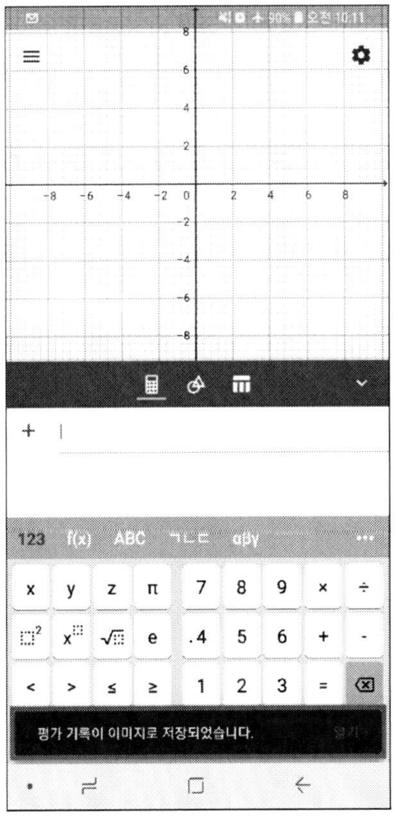

그림 3.21: 평가 종료시 나타나는 메시지

그림 3.22에서는 평가 종료시 자동 캡쳐 저장되는 메시지를 보여준다. 만일 평가 과정에서 어떠한 외부 네트워크 및 기기 접속이 없었다면 그림 3.22a와 같이 녹색 메시지가 나타난다. 그렇지 않다면 그림 3.22b와 같이 빨강색 메시지가 나타난다.

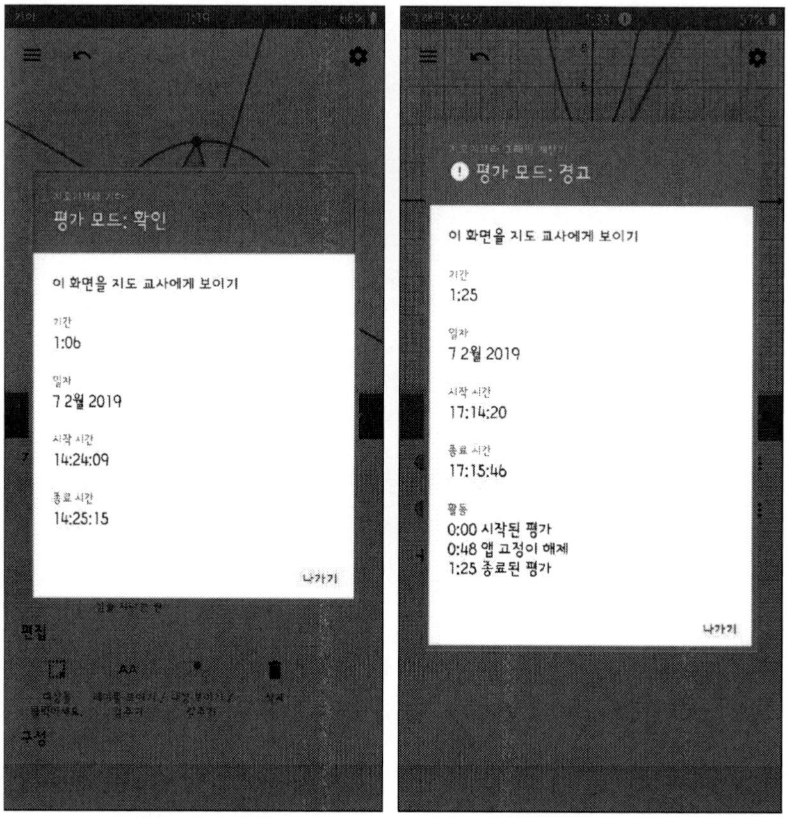

(a) 평가 모드 : 확인

(b) 평가 모드 : 경고

그림 3.22: 평가 모드 중 학생의 행동에 따른 메시지

CHAPTER 4

지오지브라 기하, 과학용 계산기

4.1 들어가면서

지오지브라 기하, CAS, 과학용 계산기 앱의 경우에는 지오지브라 그래픽 계산기의 인터페이스를 이해하면 쉽게 적응할 수 있다. 이 장에서는 지오지브라 그래픽 계산기와 지오지브라 기하, 과학용 계산기의 차이점을 주목할 것이다. 이 책에서는 지오지브라 CAS 계산기는 다루지 않았다. 이는 지오지브라 CAS 계산기가 현재 개발중이기 때문이다.

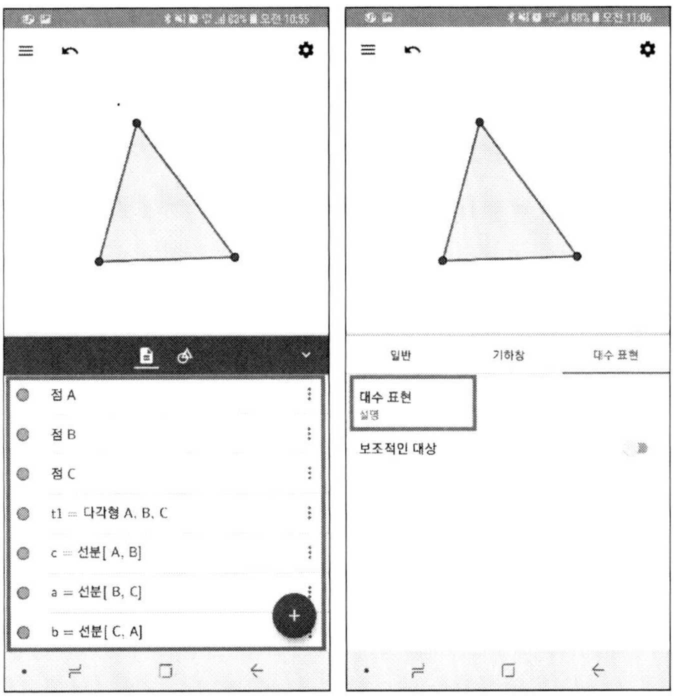

(a) 기하 앱에서 대수탭 (b) 대수 표현 설정

그림 4.1: 기하 앱에서 대수탭의 표현 방식

4.2 지오지브라 기하

4.2.1 기하 앱에서는 대수탭에서 대상에 대한 설명을 제시한다.

이것은 기하를 수학적으로 표현하는 방식에 관련된 것이다. 좌표 평면을 활용하는 좌표 기하는 데카르트에 의해 널리 알려진 것으로 기하적 대상을 수와 식으로 표현하여 계산에 의해서 주어진 명제를 정당화하는 것이다.

이에 비해 그리스 전통의 기하에서는 수와 식이 아닌 순수한 기하 논리만으로 주어진 명제를 정당화한다. 이러한 측면에서 기하 앱에서는 대상에 대한 수와 식에 대한 정보 대신 대상이 어떻게 생성되었는지에 대한 설명을 제시한다(그림 4.1).

4.2.2 기하 앱에서는 좌표축과 격자를 숨긴다.

좌표축과 격자 역시 순수 기하적 관점에서는 적절하지 않다. 기하 앱에서는 초기 설정으로 좌표축과 격자를 숨긴다. 물론 설정사항에서 이를 해제할 수 있다.

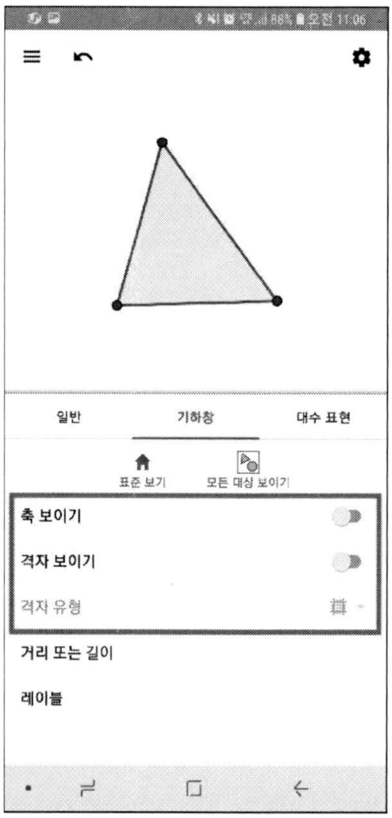

그림 4.2: 기하 앱 설정사항의 기하창 탭

4.2.3 기하 앱에서는 기하 작도 도구를 먼저 제시한다.

기하 앱에서는 순수 기하적 관점에서 사용할 수 있는 도구를 우선적으로 제시한다. **기본 도구** 하단의 **펼치기**를 터치 하면 다른 도구도 볼 수 있다.

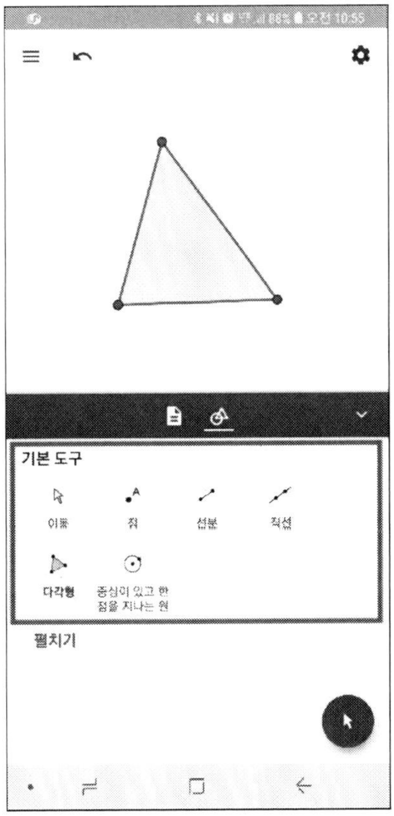

그림 4.3: 기하 앱의 도구

4.3 지오지브라 과학용 계산기

4.3.1 과학용 계산기 앱에는 기하창이 없다.

과학용 계산기 앱은 기존의 다른 지오지브라 앱과는 달리 **기하창**이 존재하지 않는다. 이는 오로지 순수한 수식 계산만을 수행한다는 의미이다.

4.3.2 과학용 계산기 앱의 키보드는 다른 앱보다 단순하다.

과학용 계산기 앱의 키보드를 단순하다고 표현하는 것으로는 부족하지만 다른 앱에 비해서 그렇다는 의미이다. 키보드의 배열은 일반 공학용 계산기의 키보드 배열을 따른다.

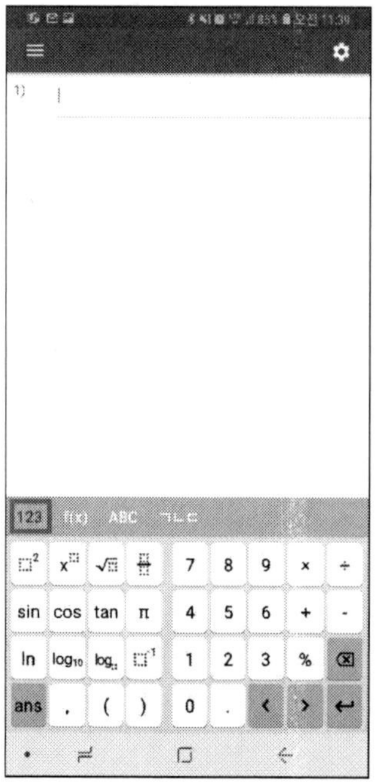

(a) 123

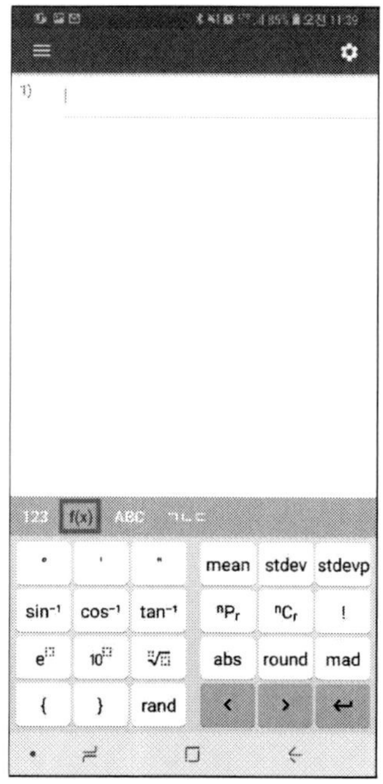

(b) f(x)

(c) ABC

(d) ㄱㄴㄷ

그림 4.4: 과학용 계산기 앱의 키보드 배열

4.3.3 과학용 계산기 앱은 로그인이 필요없다.

다른 앱과는 달리 기하창이 없기 때문에 이 앱의 경우에는 자료를 업로드하는 것이 큰 의미가 없다. 따라서 이 앱에는 메뉴 ≡ 에 로그인 항목도 없다.

메뉴에는 오로지 평가 모드만 있는데 그래픽 계산기가 아닌 일반 공학용 계산기를 허용하는 평가에서는 **지오지브라 과학용 계산기** 앱을 활용할 수 있을 것이다.

그림 4.5: 과학용 계산기 앱의 메뉴에 로그인 항목이 없는 모습

CHAPTER 5

지오지브라 3차원 그래픽 계산기

5.1 지오지브라 3차원 그래픽 계산기

지오지브라 3차원 그래픽 계산기의 경우에도 **지오지브라 그래픽 계산기**의 인터페이스를 이해하면 쉽게 적응할 수 있다. 사실 **지오지브라 3차원 그래픽 계산기**를 4장에서 다룰 수 있었다. 하지만 **지오지브라 3차원 그래픽 계산기**를 강조하는 측면에서 별도의 장으로 나누어 다루었다.

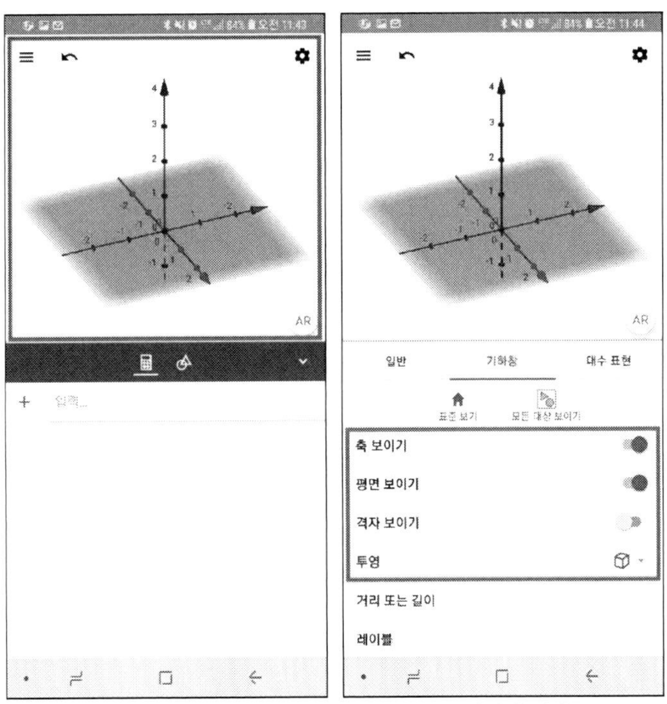

(a) 3차원 계산기 앱에서 3차원 기하창 (b) 기하창 설정

그림 5.1: 3차원 계산기 앱에서 3차원 기하창만 제시되는 모습

5.1.1 3차원 계산기 앱에서는 3차원 기하창만 있다.

이는 기존에 **지오지브라 클래식**을 사용해 본 사람이라면 당황할 수 있는 점이다. **지오지브라 3차원 그래픽 계산기**에는 **3차원 기하창**만 존재한다. 우선 스마트폰의 화면이 작기 때문에 2차원 기하창과 3차원 기하창을 동시에 제공하는 것은 무리였을 것으로 생각된다.

기존의 지오지브라 자료를 고려해 볼 때 가장 문제가 되는 것은 **2차원 기하창**에 **슬라이더** 를 놓고 **3차원 기하창**에서 도형을 조작하는 경우이다. 다행히도 이 문제는 **대수탭**을 활용하면 잘 해결된다. 지오지브라 앱에서는 **대수탭**에서 **슬라이더** 를 조작할 수 있기 때문이다. 따라서 약간의 요령만 익히면 기존에 만든 여러 3차원 자료를 큰 무리없이 사용할 수 있다(그림 5.1).

5.1.2 3차원 계산기 앱에서는 투영 모드를 변경할 수 있다.

지오지브라 클래식 앱에서도 제공되던 기능이기는 하지만 **지오지브라 3차원 그래픽 계산기**에서는 **3차원 기하창**의 **투영** 모드를 변경할 수 있다. **투영** 모드는 **직교투영**, **원근투영**, **안경모드 투영**, **사투영**의 4가지이다.

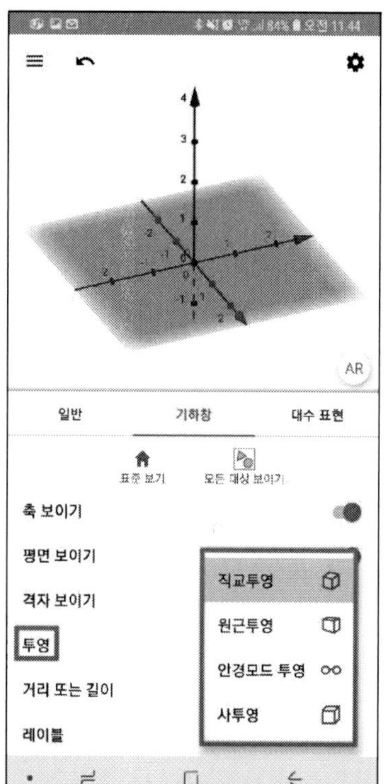

그림 5.2: 투영 방식을 선택하는 모습

5.1.3 3차원 계산기 앱에서는 3차원 작도에 적절한 도구를 먼저 제시한다.

당연한 이야기이겠지만 **지오지브라 3차원 그래픽 계산기**는 **기하탭**을 선택 👆하면 3차원 작도에 적절한 도구를 먼저 제시한다. **기본 도구** 하단의 **펼치기**를 터치 👆하면 다른 도구도 볼 수 있다.

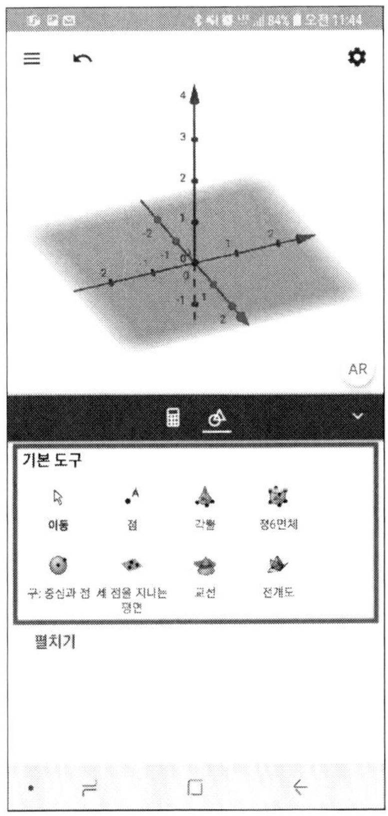

그림 5.3: 3차원 계산기 앱이 제공하는 3차원 작도 도구

5.2 애너글리프(Anaglyph)와 증강현실(AR)

5.2.1 안경모드 투영을 설정하면 애너글리프를 볼 수 있다.

애너글리프(Anaglyph 3D)는 빨간색(Red)과 파란색(Cyan)의 필터를 사용하여 양 눈의 이미지를 서로 다르게 제시하면서 입체감을 느끼게 하는 효과를 말한다. "색으로 구분된" 애너글리프 안경[1]을 통해 보았을 때, 각각의 두 이미지는 눈에 도달하여 통합된 입체

[1]애너글리프를 위한 안경은 값이 무척 저렴하다. 안경의 재질은 종이 또는 플라스틱이며 색상 조합은 Red/Cyan 안경이 표준이다. Green/Margenta 색상 조합도 있다. Red/Cyan 색상 조합이 더 선명한 영상을 만들어

영상을 나타낸다. 뇌의 시각 피질은 이를 3차원 대상으로 입체감있게 인식한다.

지오지브라 3차원 그래픽 계산기에서 안경모드 투영을 선택하면 3차원 기하창의 입체 화면을 애너글리프로 바꾸어 Red/Cyan 안경을 사용하여 입체 영상을 즐길 수 있다.

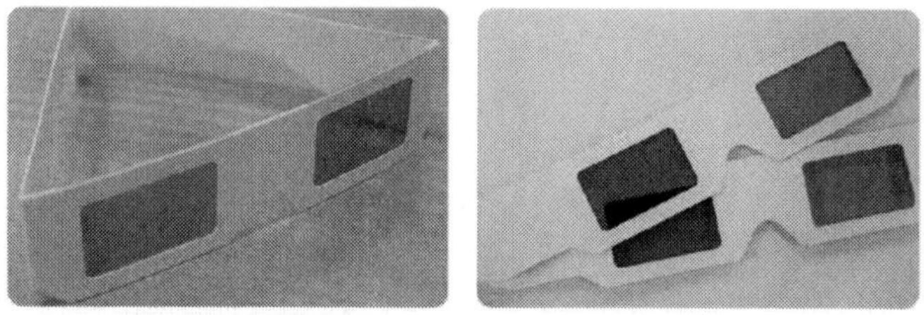

그림 5.4: Red/Cyan 안경

(a) 직교투영 (b) 안경모드 투영

그림 5.5: 사면체에 대한 직교투영과 안경모드 투영

내는 것으로 알려져 있다.

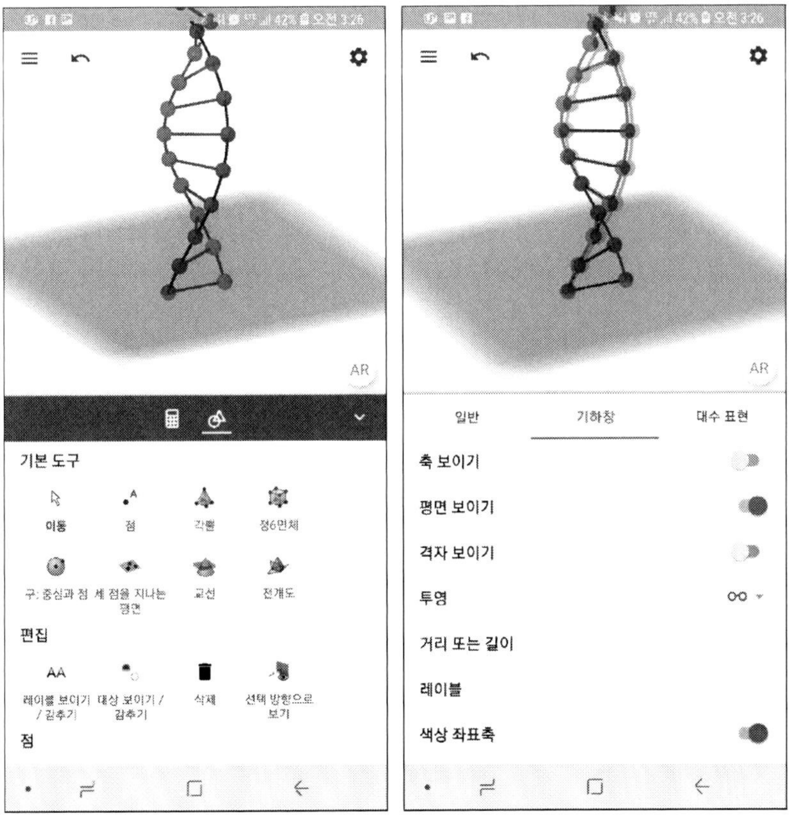

(a) 직교투영 (b) 안경모드 투영

그림 5.6: DNA 모델에 대한 직교투영과 안경모드 투영

5.2.2 AR 버튼을 누르면 증강현실 모드로 전환된다.

최근에는 증강현실을 교육에 어떻게 접목할 것인가에 대한 관심이 많다. 증강현실은 현실 상황에 가상적인 대상을 덧입혀 나타내는 것이다. 증강 현실을 이용하여 세계적인 인기를 끈 **포켓몬 고**(Pokemon Go)라는 게임이 있을 정도로 증강현실 기술은 많은 관심을 받는다 (그림 5.7).

사실 '가상 속의 대상'만 바라본다면 그 자체가 현실이라고 할 수 있다. 이를 수학과 관련지어 생각하면, 수학이라는 것은 현실의 대상에 수학적인 해석을 덧붙이는 것으로 상황 맥락의 필요에 따라 거리를 재기 위해 좌표축도 덧붙이고 도넛을 토러스로 해석하기도 하는 것이다(그림 5.8).

지오지브라 3차원 그래픽 계산기에서는 작도한 3차원 대상을 주변에 있는 실제 대상에 증강현실을 이용하여 대응시킬 수 있다. 예를 들어 그림 5.9b와 같이 정육면체에 내접하는

그림 5.7: 포켓몬 고(Pokemon Go) 실행 화면

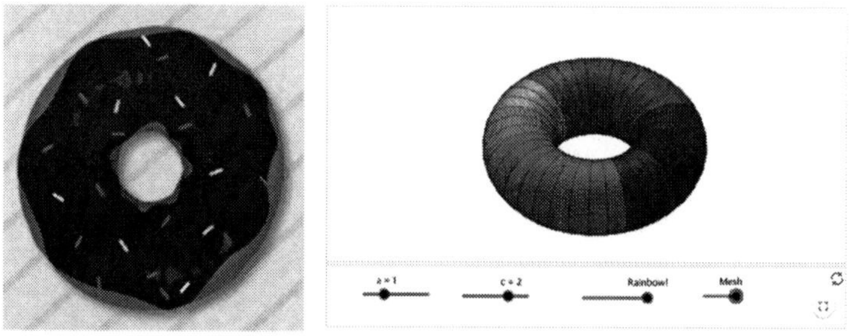

그림 5.8: 도넛과 토러스(https://ggbm.at/xacwukxu)

구가 있는 물체를 가정하자.

이후 지오지브라 3차원 그래픽 계산기에서 3차원 기하창에 정육면체를 만든 후 대수 셀에 다음과 같이 식을 입력한다.

$$x^2 + y^2 + (z-1)^2 = 1$$

3차원 기하창의 오른쪽 하단에 AR 이라는 글자가 나타날 것이다. 그 버튼을 터치하면 외부 화면이 나타나면서 곧바로 증강현실 모드로 전환된다. 그러면 3차원 기하창의 도형이 실제 대상과 겹쳐지면서 서로 비교해 볼 수 있다(그림 5.9).

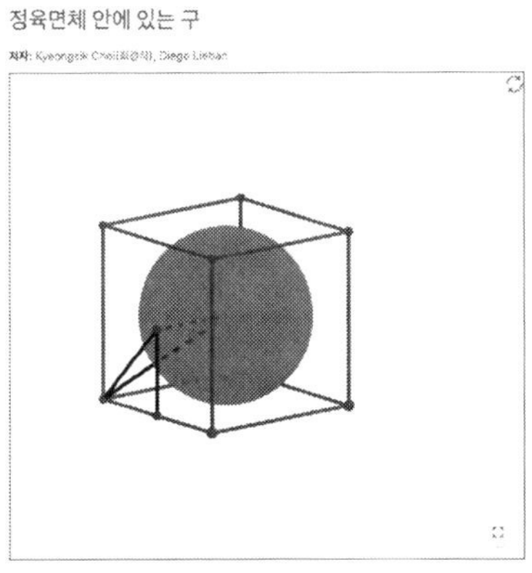

(a) 지오지브라에서 정육면체에 내접하는 구를 만든 모습

(b) 지오지브라에서의 입체도형을 3D 프린팅 한 모습

그림 5.9: 지오지브라의 3차원 도형과 3D 프린팅

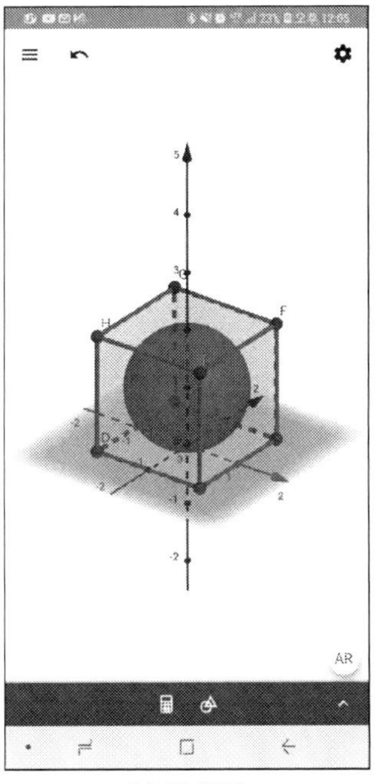

(a) 3D 모드

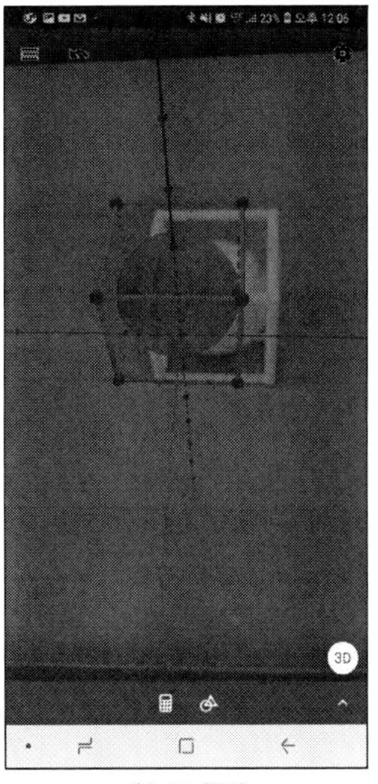

(b) AR 모드

그림 5.10: 3차원 계산기의 3D 모드와 AR 모드

5.2.3 Tim Brzezinski의 AR 자료를 참고하자.

Tim Brzezinski는 지오지브라 3차원 그래픽 계산기 앱을 활용하여 다양한 증강현실 자료를 만들고 있다. Tim Brzezinski는 수많은 자료를 만들어서 인터넷 상에 공유하고 있다. 그의 자료는 필자들에게도 많은 영감을 주어 좋은 자료를 만들 수 있도록 아이디어를 제공한다.

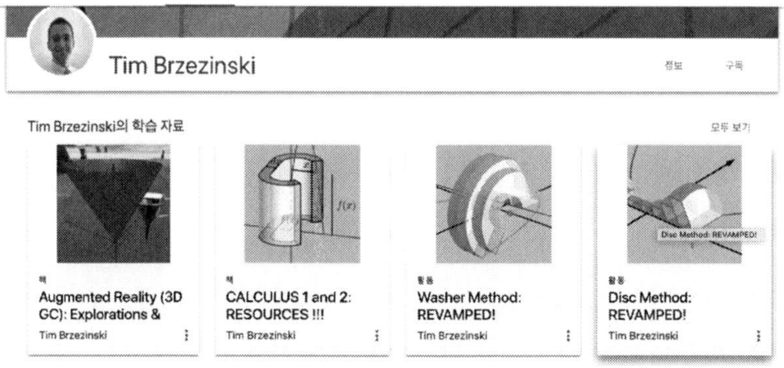

그림 5.11: Tim Brzezinski의 지오지브라 홈페이지 (https://www.geogebra.org/u/tbrzezinski)

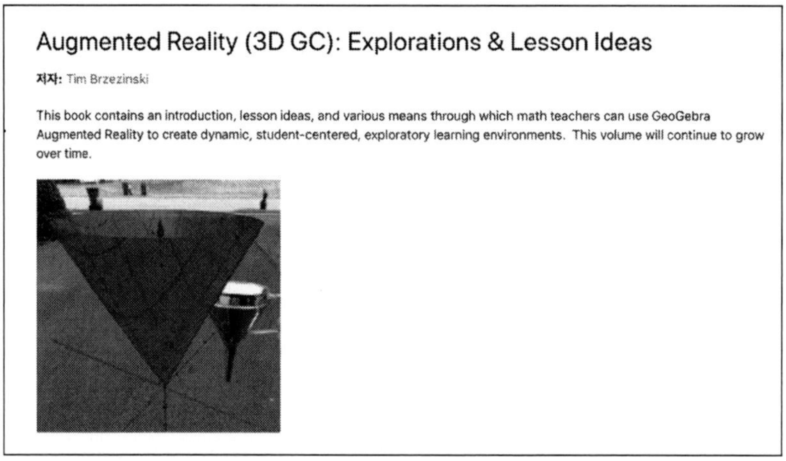

그림 5.12: Tim Brzezinski의 AR 자료 (https://ggbm.at/qbxbcmqw)

5.2.4 지오지브라의 AR 기능 사용법 동영상

지오지브라의 AR 기능에 대하여 설명하는 동영상을 볼 수도 있다. 주소는 다음과 같다.

```
https://tv.naver.com/v/5363298
```

이 외에도 지오지브라 관련 동영상을 보려면 **지오지브라 네이버** tv 를 접속하면 된다.

```
https://tv.naver.com/geogebra
```

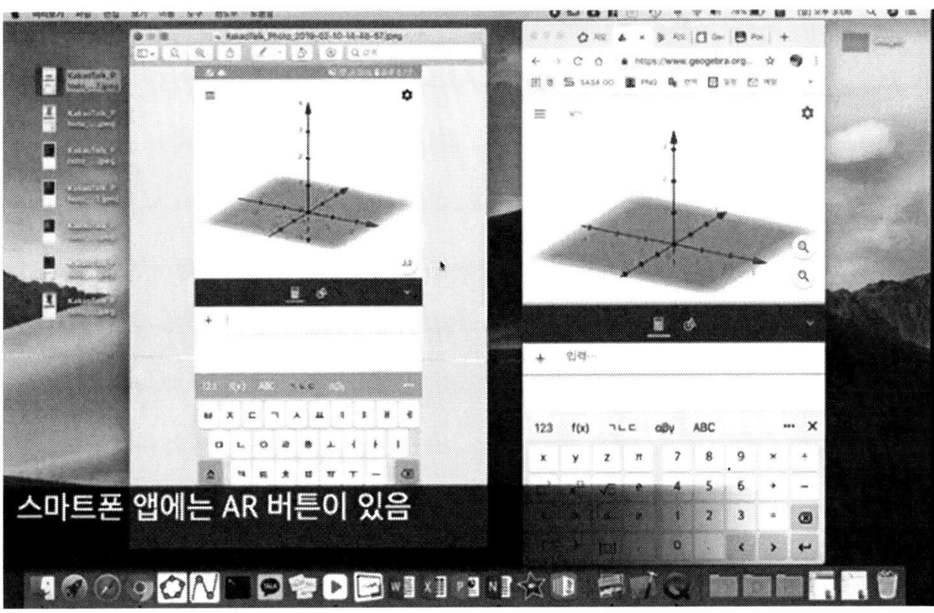

그림 5.13: 지오지브라의 AR 기능을 설명하는 동영상

5.3 지오지브라 AR 예제

5.3.1 지오지브라 컵

컵의 모양을 모델링하기 위해서 다음 수식을 대수셀에 입력하였다.

$$-10 + 6\sqrt{x^2 + y^2}, \;\; 5 \leq x^2 + y^2 \leq 1.65$$

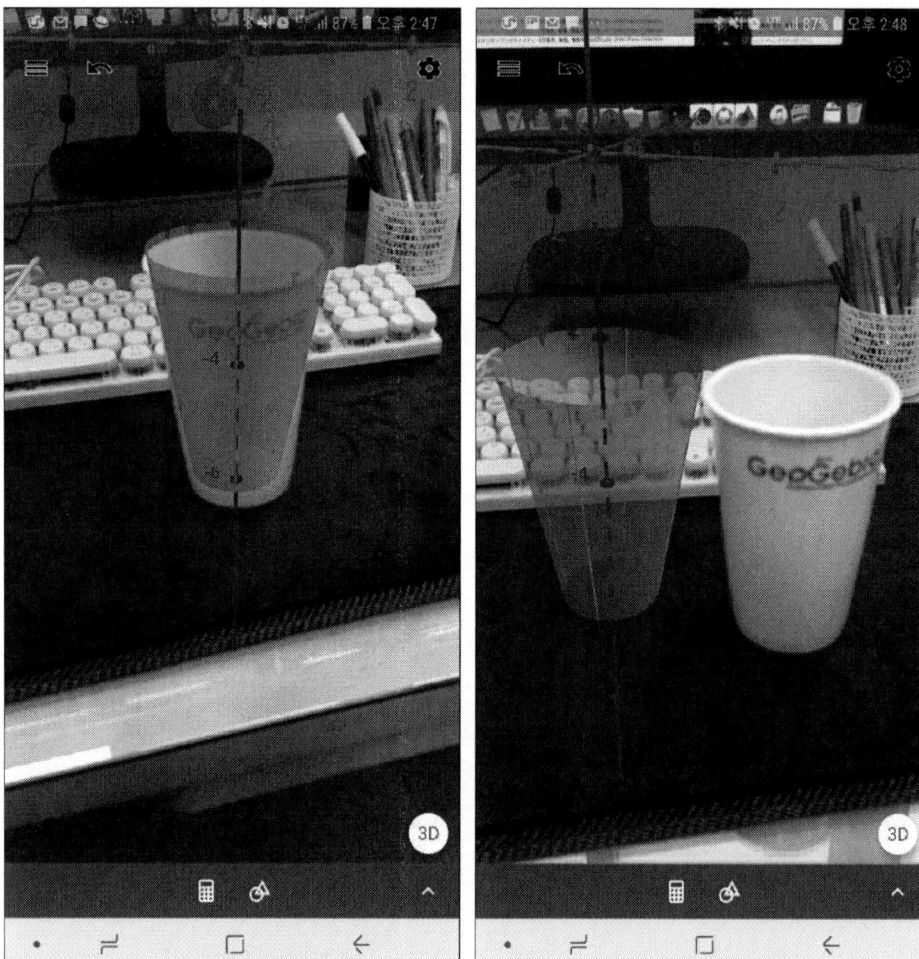

(a) 실물과 AR 겹침 (b) 실물과 AR 분리

그림 5.14: 지오지브라 컵 AR 모델

5.3.2 커피 필터

커피 필터의 모양을 모델링하기 위해 반지름이 2이고 높이가 3인 원뿔을 작도하였다.

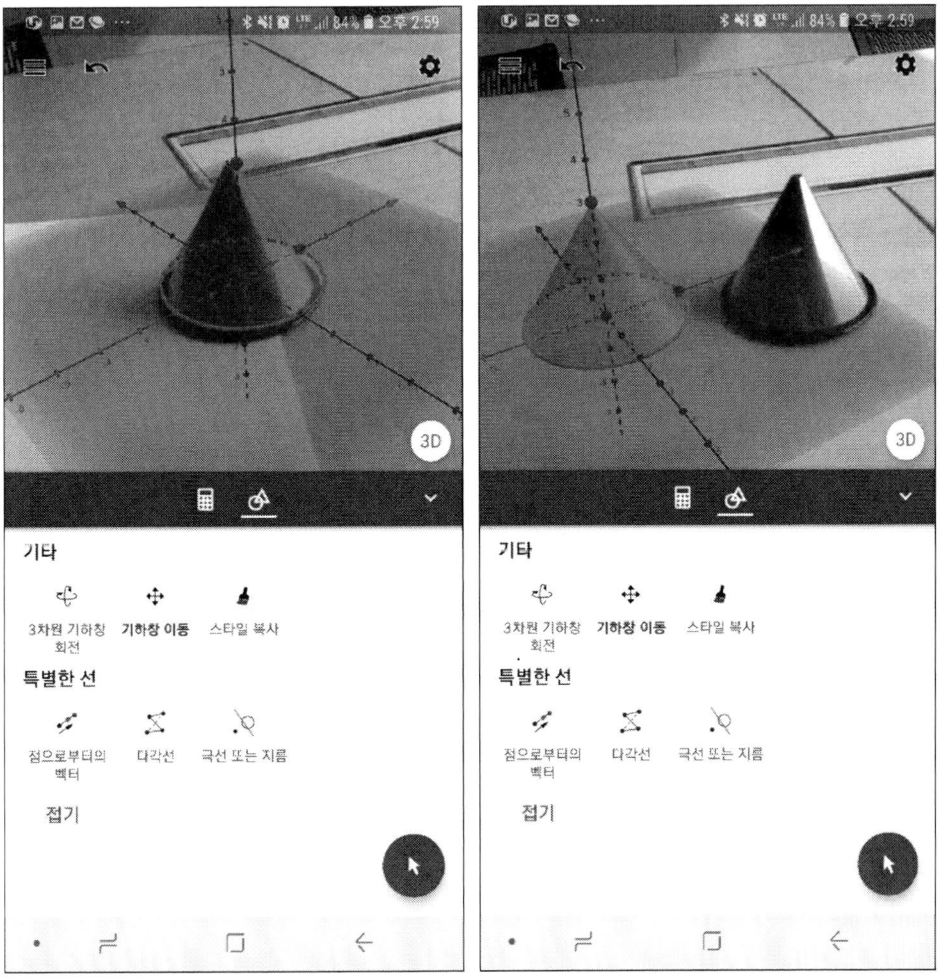

(a) 실물과 AR 겹침 (b) 실물과 AR 분리

그림 5.15: 커피 필터 AR 모델

5.3.3 화분

화분 모양을 모델링하기 위해서 다음 수식을 대수셀에 입력하였다.

$$-1.8\sqrt{15 - 5x^2 - 5y^2}$$

(a) 실물과 AR 겹침 (b) 실물과 AR 분리

그림 5.16: 화분 AR 모델

5.3.4 나무

나무 모양을 모델링하기 위해서 다음 수식을 대수셀에 입력하였다.[2]

$$-2.5\sqrt{\mathtt{ceil}(x)^2+\mathtt{ceil}(y)^2}+6,\ \ (x+0.5)^2+(y+0.5)^2\le 10$$
$$50-50\sqrt{(x+0.5)^2+(y+0.5)^2},\ \ 50-50\sqrt{(x+0.5)^2+(y+0.5)^2}\le 0$$

그림 5.17: 나무 AR 모델

[2]수식 가운데 `ceil()`은 자동으로 올림함수 모양($\lceil x \rceil$, $\lceil y \rceil$)으로 변경된다.

5.3.5 초콜릿

초콜릿 모양을 모델링하기 위해서 삼각기둥을 작도하였다.

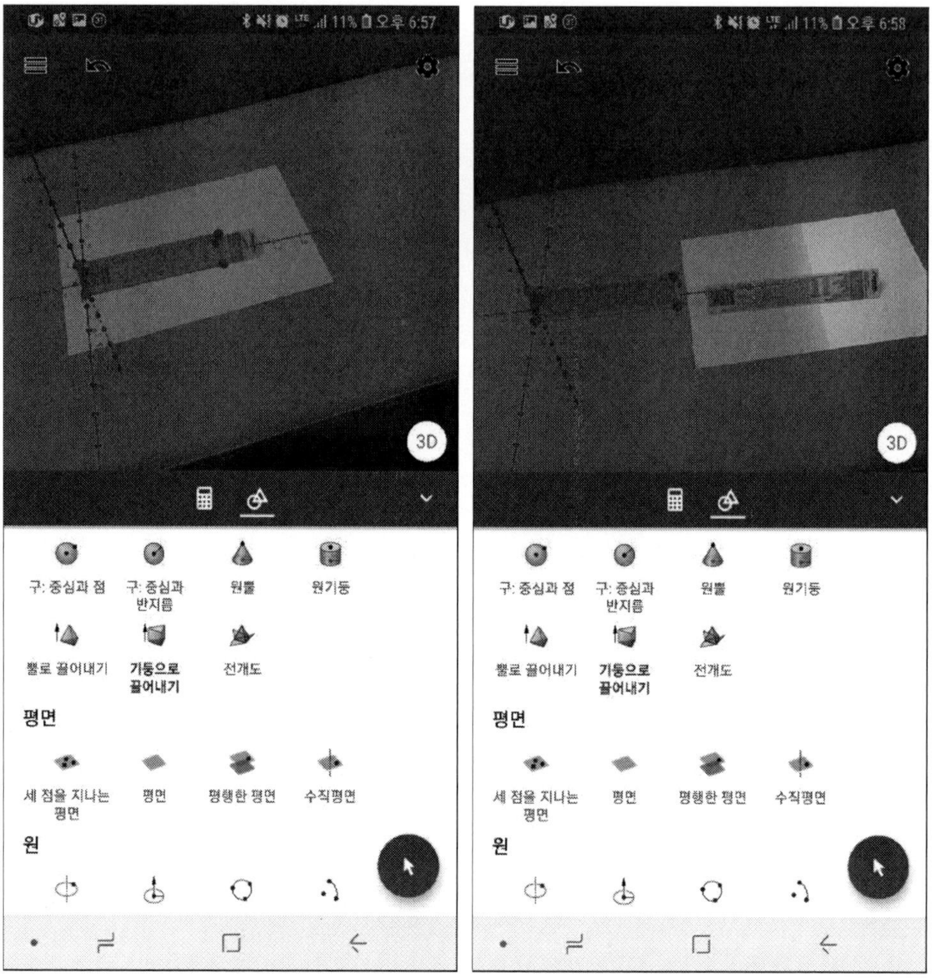

(a) 실물과 AR 겹침 (b) 실물과 AR 분리

그림 5.18: 초콜릿 AR 모델

5.3.6 구운 계란

구운 계란의 모양을 모델링하기 위해서 다음 수식을 대수셀에 입력하였다.

$$\sqrt{25 - 2.25x^2 - y^2}$$

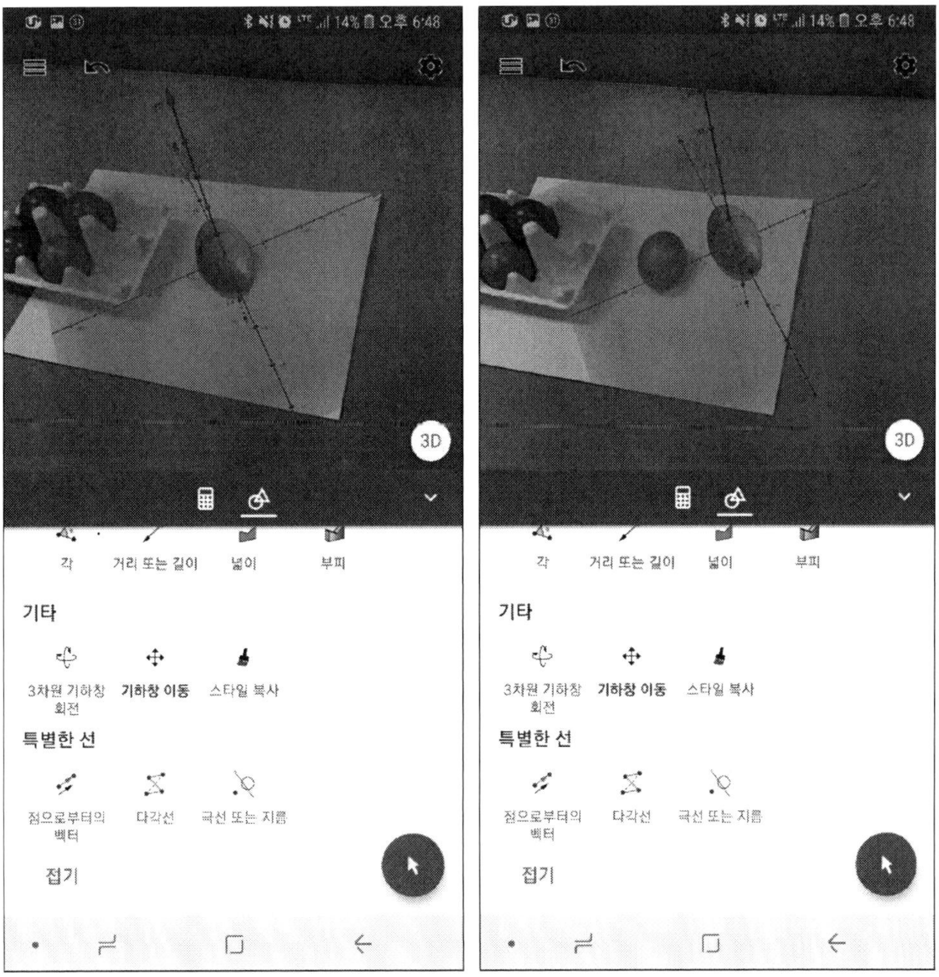

(a) 실물과 AR 겹침 (b) 실물과 AR 분리

그림 5.19: 구운 계란 AR 모델

5.3.7 계란판

계란판의 모양을 모델링하기 위해서 다음 수식을 대수셀에 입력하였다.

$$-2\sin(x)\sin(y)$$

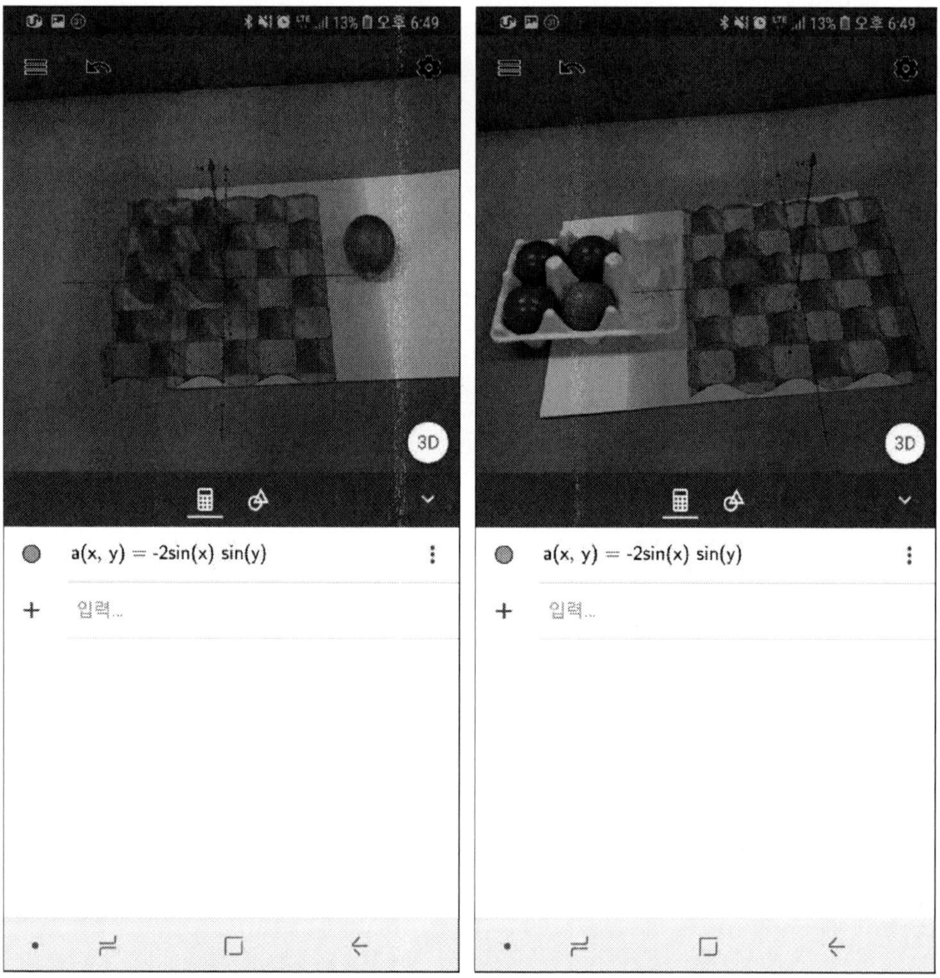

(a) 실물과 AR 겹침 (b) 실물과 AR 분리

그림 5.20: 계란판 AR 모델

5.3.8 감자 과자

감자 과자의 모양을 모델링하기 위해서 다음 수식을 대수셀에 입력하였다.

$$\frac{x^2}{15} - \frac{y^2}{11} + 2, \quad \frac{x^2}{15} + \frac{y^2}{9} \leq 2$$

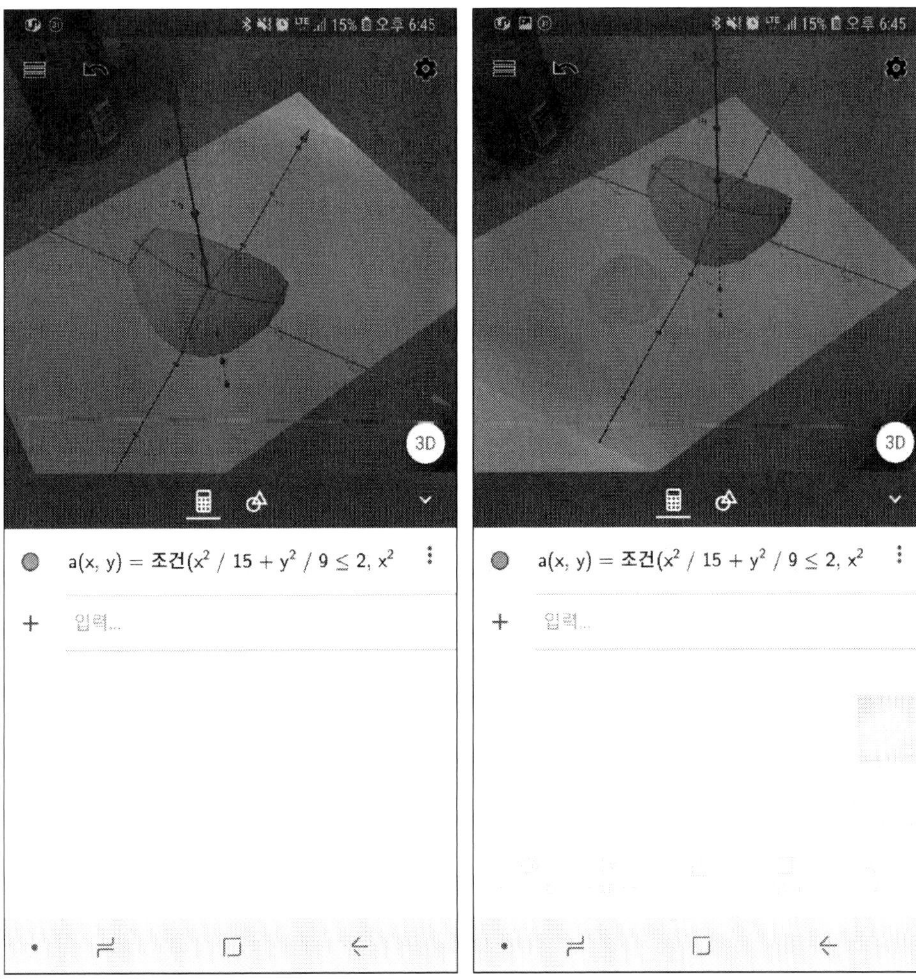

(a) 실물과 AR 겹침　　(b) 실물과 AR 분리

그림 5.21: 감자 과자 AR 모델

5.3.9 도넛

도넛의 모양을 모델링하기 위해서 다음 수식을 대수셀에 입력하였다.

$$
\begin{aligned}
&\sqrt{\left(1-\left(2-\sqrt{x^2+y^2}\right)^2\right)} \\
-&\sqrt{\left(1-\left(2-\sqrt{x^2+y^2}\right)^2\right)}
\end{aligned}
$$

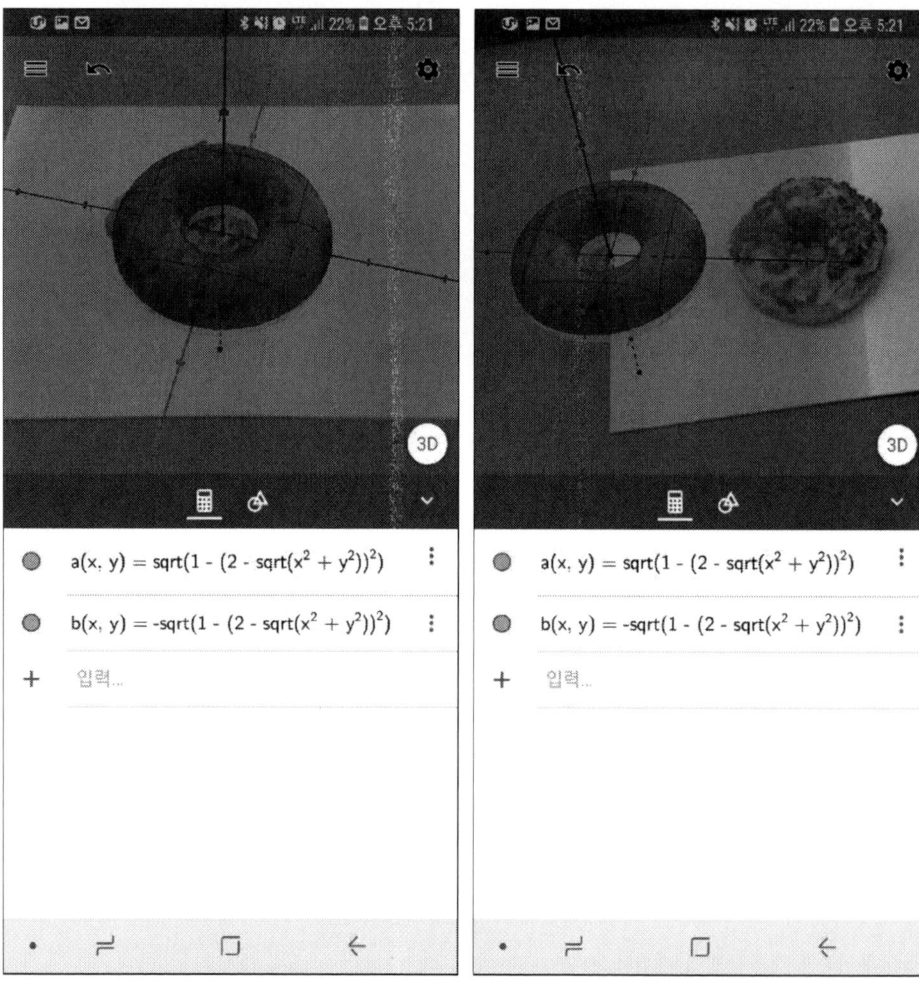

(a) 실물과 AR 겹침　　(b) 실물과 AR 분리

그림 5.22: 도넛 AR 모델

CHAPTER 6

지오지브라 클래식(태블릿)

6.1 지오지브라 클래식

지오지브라 클래식은 데스크톱의 **지오지브라 클래식 6**와 동일한 인터페이스를 갖고 있다. 따라서 이 장에서는 **지오지브라 클래식**에 대한 간략한 소개만 제시한다.

지오지브라 클래식을 활용하는 다양한 방법에 대해서는 **지오지브라 바이블(지오북스)**, **지오지브라 3D 바이블(지오아카데미)**, **지오지브라 코딩 바이블(지오아카데미)**을 참고할 수 있다. 사실 이 책들은 주로 **지오지브라 5**를 기준으로 설명하고 있으니 **지오지브라 5**와 6은 크게 다르지 않다.

여기에서는 **지오지브라 클래식 5**와 **지오지브라 클래식 6**의 차이점을 주로 제시할 것이다.

6.1.1 터치만으로 도구상자가 열린다.

지오지브라 클래식 5와는 달리 도구상자를 터치 하면 도구상자가 바로 열린다.

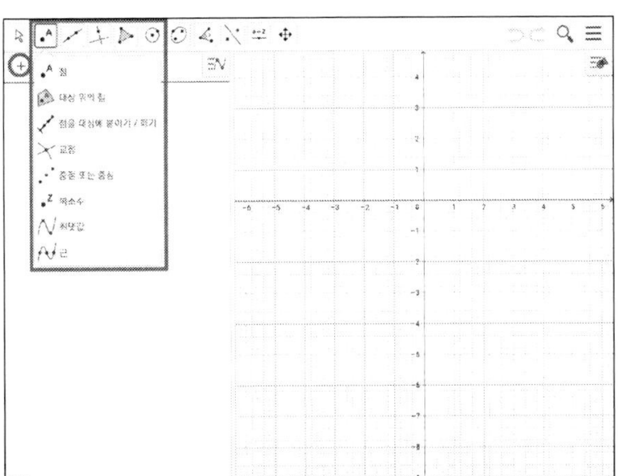

그림 6.1: 도구상자가 열린 모습

6.1.2 대수셀에서 다양한 대상의 입력이 가능하다.

대수셀은 기존의 **지오지브라 클래식** 5보다 **지오지브라 클래식** 6가 혁신적인 변화를 가져온 부분이다. 그림 6.1의 **대수셀** 앞에 있는 + 를 터치 하면 그림 6.2와 같이 항목(식, 텍스트, 그림)이 나타난다.

이 가운데 그림을 선택하면 그림 6.3과 같이 창이 나타난다.

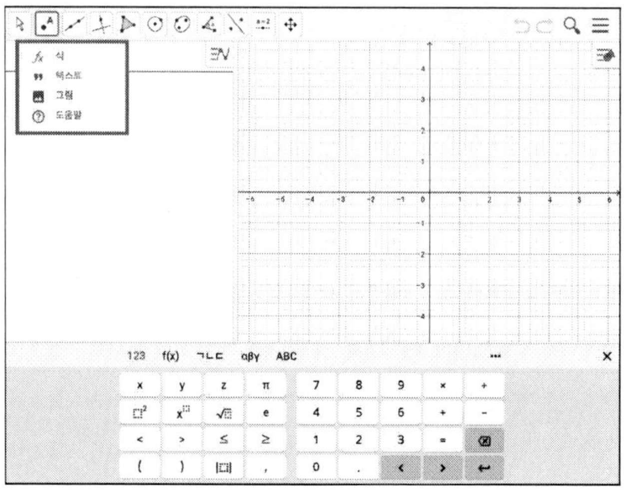

그림 6.2: 대수셀의 입력 메뉴

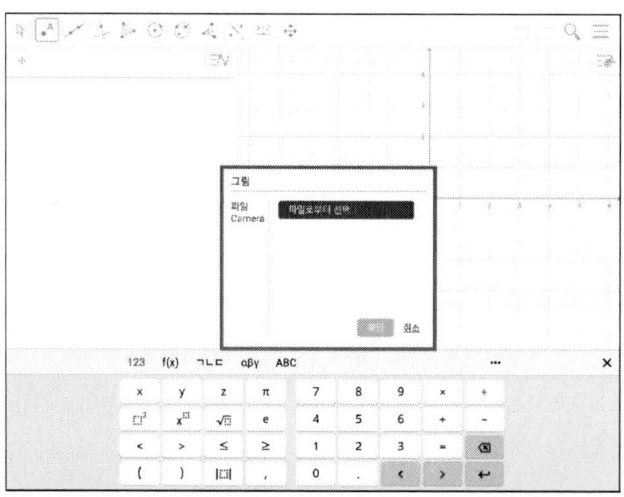

그림 6.3: 그림 항목을 선택할 때 나타나는 대화상자

만일 Camera 항목을 선택하게 되면 태블릿에서 사진을 직접 촬영할 수 있다. 그림 6.4에서 제시한 사진은 현재 이 책을 편집하고 있는 컴퓨터 화면이다. 실제로 사진을 촬영하게 된다면 좀 더 의미있는 기하학적 도형을 촬영할 수 있을 것이다. 확인 버튼을 누르면 촬영한 사진이 기하창 안에 포함된다(그림 6.5).

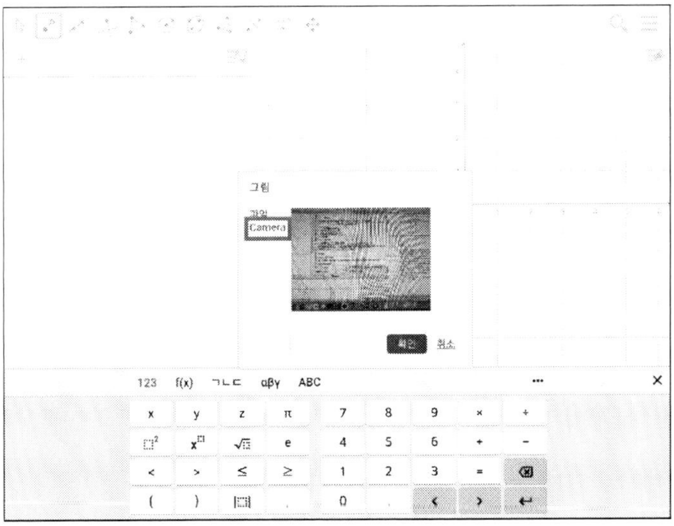

그림 6.4: Camera 항목을 선택하고 사진을 촬영한 모습

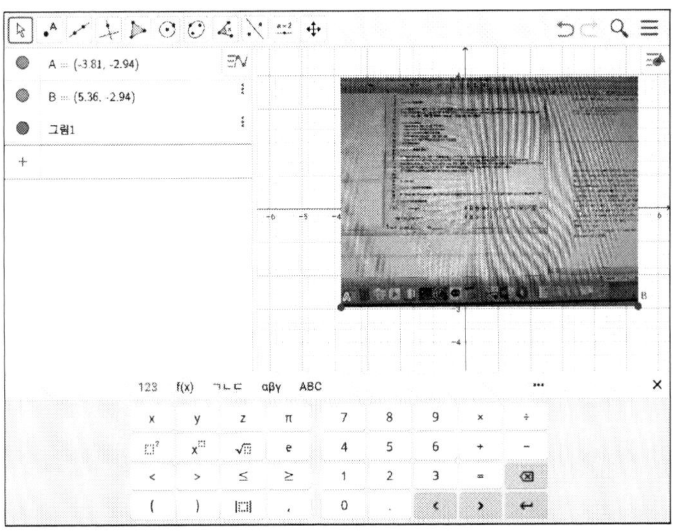

그림 6.5: 촬영한 사진이 기하창에 포함된 모습

6.1.3 수식 입력이 훨씬 간편해졌다.

기존에는 제곱이나 제곱근, 부등호 등을 지오지브라의 입력창에 입력할 때 명령어나 복잡한 기호를 사용해야만 했다. 그러나 **지오지브라 클래식** 앱에서는 다양한 수식을 쉽게 입력할 수 있는 **가상 키보드**를 제공한다. 이로 인하여 지오지브라를 사용할 때 복잡한 수식 명령어를 외우지 않아도 된다.

명령어를 사용할 때에도 ··· 버튼을 누르면 **입력도움말**이 나타난다. 여기서 명령어를 찾아 터치 하면 명령어가 **대수셀**에 입력된다.

그림 6.6: 다양한 수식 입력을 지원하는 가상 키보드

6.1.4 파일 저장은 온라인이 기본!

지오지브라 클래식에서는 열기, 저장의 기본은 온라인이다. 사실 이는 다른 오피스 앱에서도 마찬가지이다. 지오지브라도 이와 동일하게 온라인 상의 클라우드에 사용자가 개별적으로 파일을 저장하고 열도록 하고 있다. 물론 오프라인으로 파일을 저장하고 열 수도 있다.

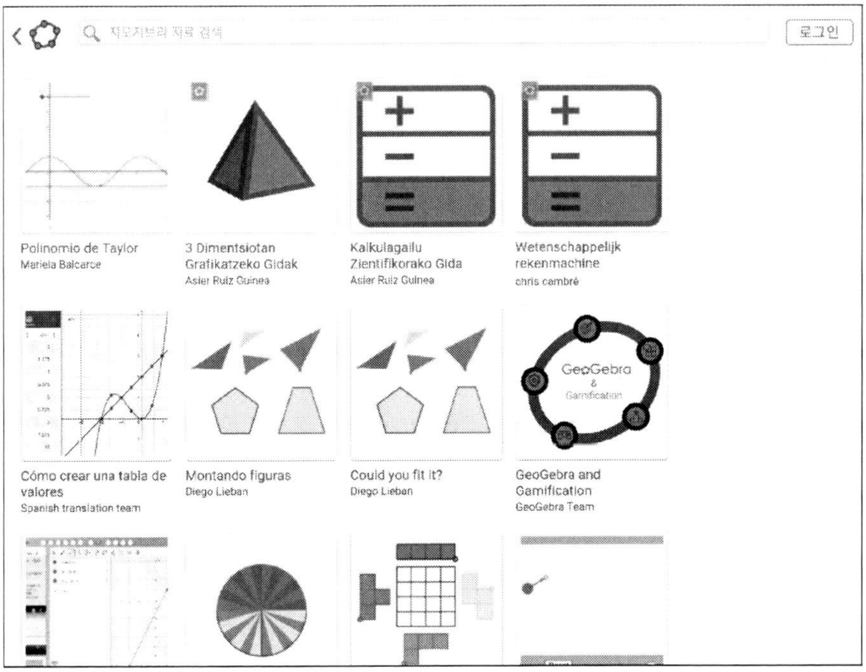

그림 6.7: 지오지브라 클래식에서 온라인 자료에 접근한 모습

제 Ⅲ 편

지오지브라 앱의 활용

지오지브라 앱

CHAPTER 7

아르키메데스의 생각 따라잡기

요 약

스마트폰에서 지오지브라를 활용하는 방법은 다양하다. 이 장은 아르키메데스의 생각에 대하여 탐구하는 과정에 대하여 지오지브라 앱에서 자료를 검색하여 활용하는 사례를 제시한다.[1]

7.1 원의 면적 구하기

원의 넓이를 구하는 공식은 다음과 같다고 알려져 있다. 이와 같은 원의 넓이 공식을 발견한 아르키메데스의 생각을 따라가 보자.

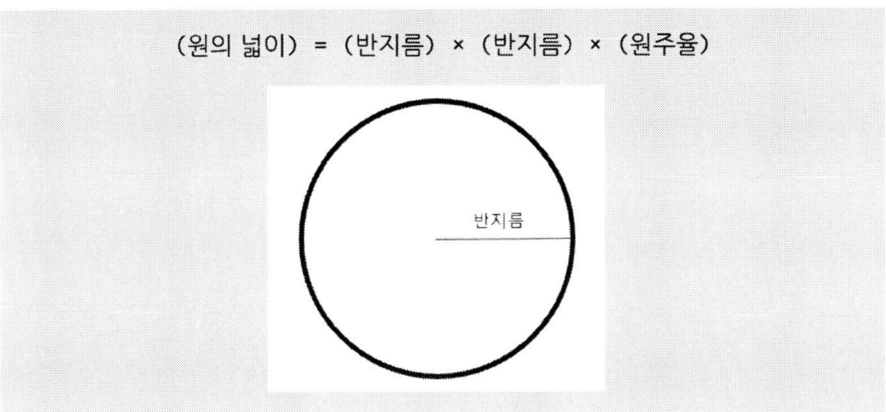

다각형의 넓이는 다각형을 삼각형(기본 도형)으로 나누어 삼각형의 넓이의 합으로 구할 수 있다. 그러나 원과 같이 곡선으로 둘러싸인 도형은 삼각형(기본 도형)으로 나눌 수 없다. 다음과 같이 원을 부채꼴로 잘게 자르면 부채꼴은 점점 어떠한 도형에 가까워질까?

[1][자유학기제] 수학1 보조 자료 https://ggbm.at/k5BC4ypQ
스마트폰으로 수학을 즐겨봐(예제) https://ggbm.at/pv3GazUK

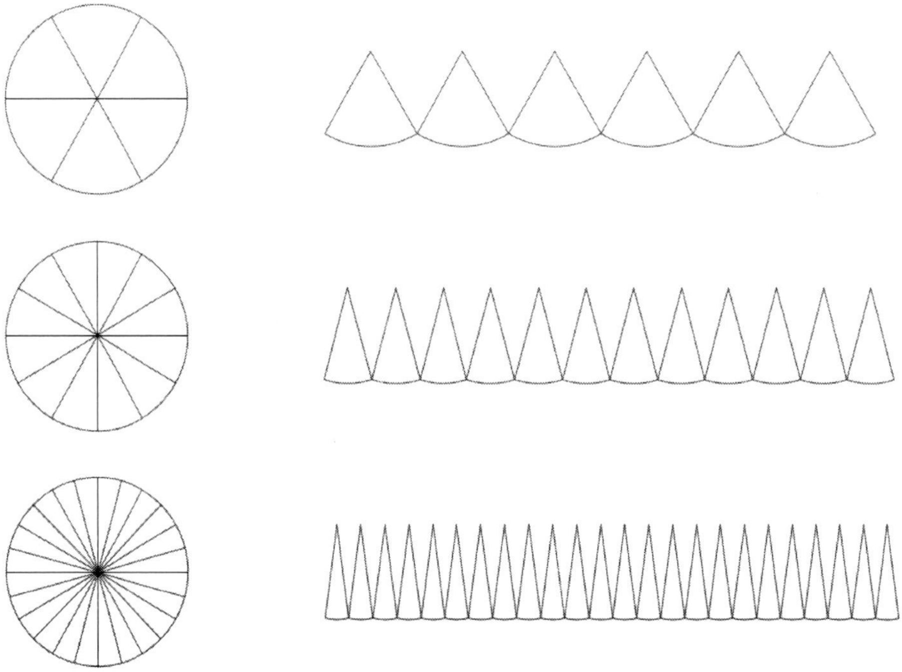

그림 7.1: 원을 부채꼴로 나눈 모습

사실 아무리 쪼개도 부채꼴을 보고 삼각형이라고는 할 수 없을 것이다. 하지만 매우 작은 부채꼴의 넓이는 삼각형의 넓이와 차이가 많이 나지는 않을 것이다.

지오지브라 스마트폰 앱을 활용하면 학생들에게 이에 대한 내용을 쉽게 전달할 수 있다. 즉 원을 매우 작은 부채꼴로 잘게 자르면 이는 원에 내접하는 많은 변의 수를 가진 다각형의 넓이와 '거의' 같다는 것이다(그림 7.2). 이러한 생각의 방식은 원의 넓이를 구하는 측면에서 매우 중요하다. 즉 원의 둘레를 알면 그것을 반으로 나눈 값(밑면)과 원의 반지름(높이)의 곱으로 원의 면적을 구할 수 있다.

그러면 원의 둘레는 어떻게 구할까? 이는 여러 원의 비례 관계를 이용해 구할 수 있다. 그림 7.3과 같이 원둘레의 길이와 원의 지름은 서로 비례 관계이다. 이를 지오지브라로 확인해보자. 지오지브라를 통해 원의 지름과 둘레 사이에 일정한 비율이 존재함을 확인할 수 있다.

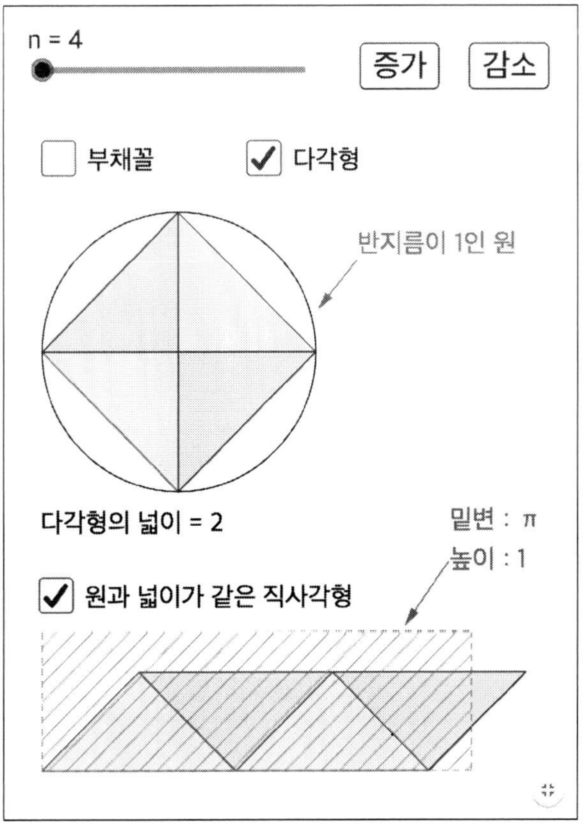

그림 7.2: 원의 내접 다각형과 잘게 잘린 부채꼴

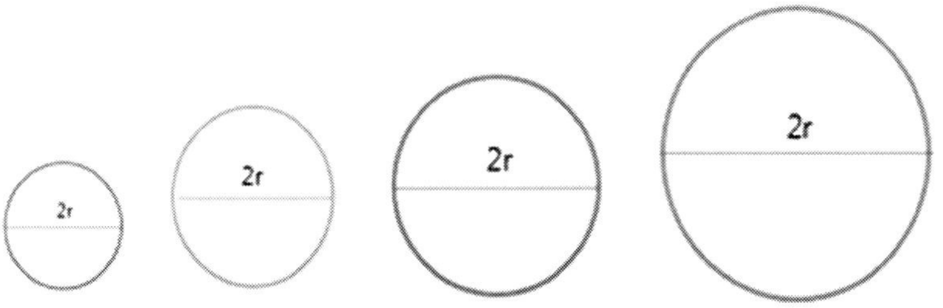

그림 7.3: 크기가 다양한 여러 원

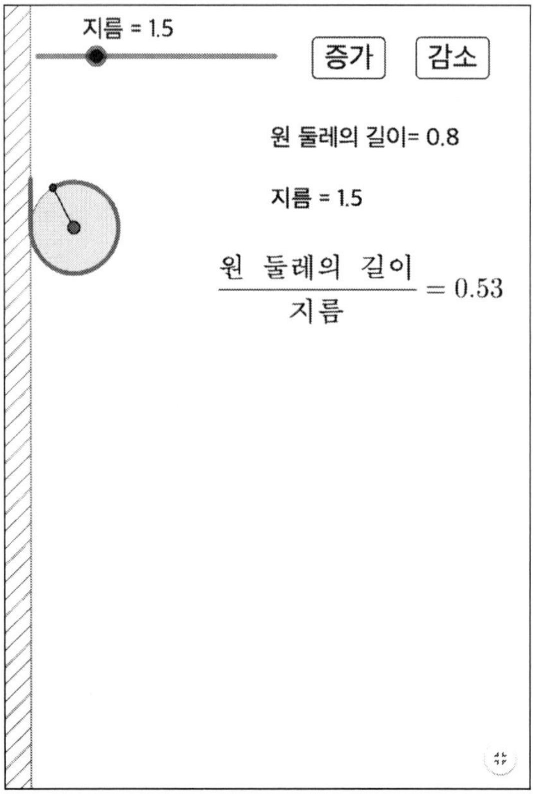

그림 7.4: 원의 지름과 둘레

원의 지름과 둘레 사이의 비례 상수를 π라고 하자.[2] 그러면 원의 면적은

1/2 원둘레의 길이 × 높이(반지름)

이고, 원의 둘레의 길이는

원의 지름 × π = 2 × 반지름 × π

이 된다.

이제 원주율의 값을 계산해보자. 앞에서 알 수 있었던 것은 원의 지름과 둘레 사이에 일정한 비례 상수가 존재한다는 것이었고 그 수를 실제로 구하지는 않았다. 사실 π는 3.14가 아니다. 3.14는 단지 근삿값일 뿐이다. 지오지브라 앱을 이용하면 내접 다각과 외접 다각형의 넓이를 이용하여 원주율 π의 값을 구하는 과정을 시각화 할 수 있다(그림 7.5).

[2]비례 상수라는 용어는 사실상 수학보다는 과학에서 자주 사용되는 개념이라고 볼 수 있다.

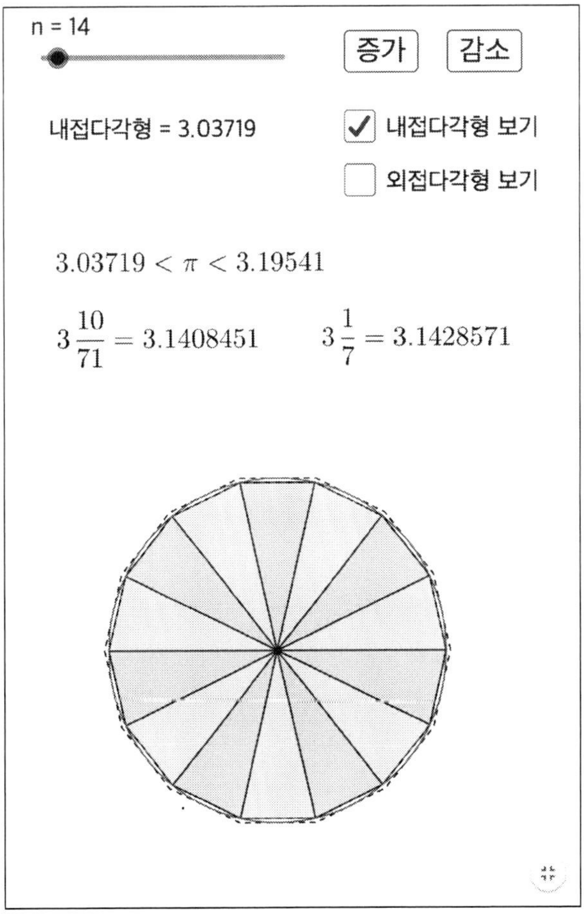

그림 7.5: 원의 지름과 둘레

7.2 원기둥의 부피

원기둥의 부피는 원의 넓이를 구하는 경우와 같이 밑면이 부채꼴인 기둥으로 잘게 쪼개서 부피를 알아볼 수 있다. 여기에서 사용된 도형을 잘게 쪼갠 다음 그 조각을 다시 붙여 새로운 도형을 만든 후 도형의 부피를 구하는 아이디어, 이것이 미적분의 아이디어의 시초라고 볼 수 있을 것이다.

원기둥의 부피는

(원의 넓이) × (높이)

이다.

원의 넓이에 높이를 곱하면 왜 원기둥의 부피가 될까? 여기에는 2차원 평면 도형을

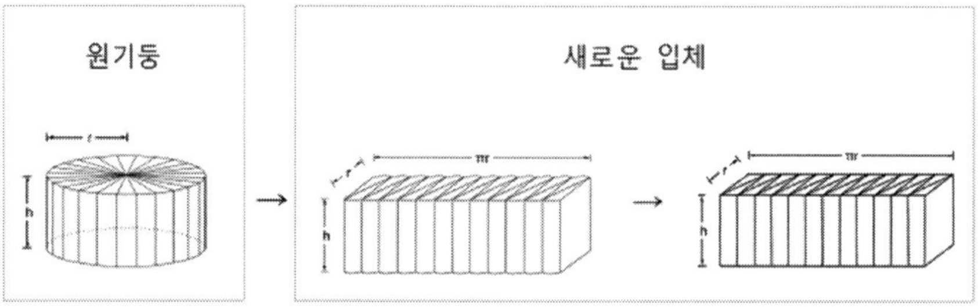

그림 7.6: 원기둥을 잘게 쪼개서 새로운 입체를 만든 모습

쌓으면 3차원의 입체 도형이 된다는 매우 중요한 사고 방식이 담겨있다. 실제로는 2차원 도형을 쌓는 것이 아니라 매우 얇은 기둥을 쌓는 것으로 사고의 '직관적인 측면'을 강조한 것이다. 어찌되었든 이는 다음과 같이 쓰여질 수 있다.

> 두 입체 도형에 대하여 같은 높이에서의 단면의 넓이가 같으면 두 입체 도형의 부피는 같다.

이를 **카발리에리의 원리**[3]라고 부른다. 지오지브라 앱을 이용해 이에 대하여 탐구해 보자.

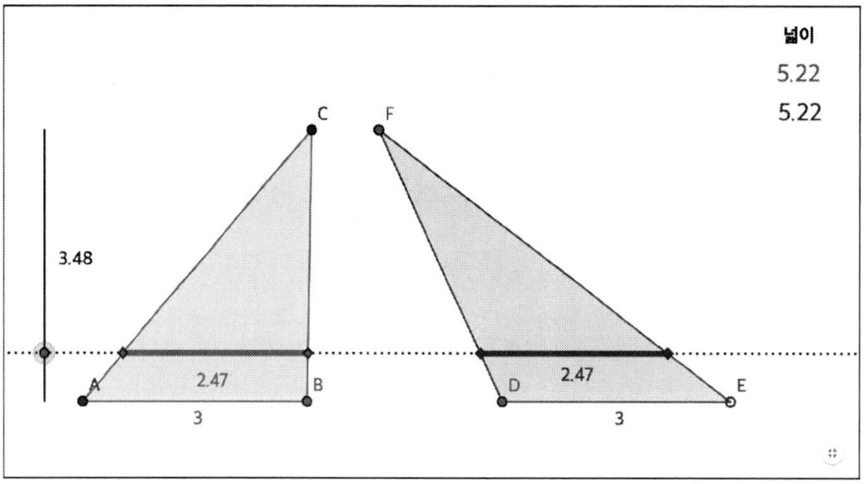

그림 7.7: 카발리에리의 2차원 버전

[3]사실 카발리에리의 원리는 "두 입체 도형에 대하여 같은 높이에서의 단면의 넓이가 일정한 비율을 이루면 두 입체 도형의 부피 또한 그와 동일한 비율이라는 것이다."

7.3 기둥과 뿔의 부피의 비

사각기둥(정육면체)과 사각뿔의 부피의 비를 구해보자. 사각기둥은 부피가 동일한 3개의 사각뿔로 분해될 수 있다. 이를 직접 상상하는 것은 어렵지만 지오지브라 앱을 통해 쉽게 확인할 수 있다. 이 경우 사각기둥과 사각뿔의 부피는 3 : 1이다(그림 7.8).

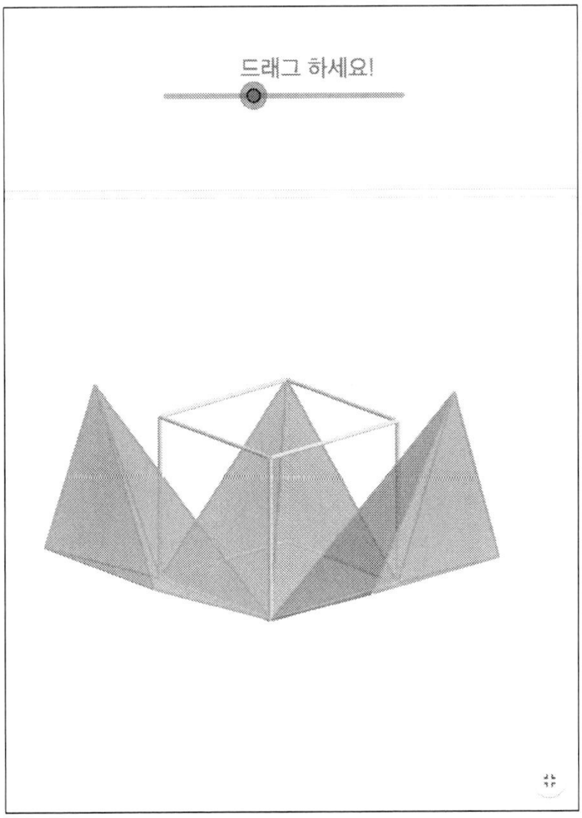

그림 7.8: 정육면체를 부피가 동일한 3개의 사각뿔로 분해한 모습

원기둥과 원뿔의 부피의 비도 앞의 경우와 비슷한 방법을 사용하여 3 : 1이라고 생각할 수 있다. 이는 원기둥과 원뿔의 단면을 잘게 나누는 조작을 통하여 각각 사각기둥과 사각뿔에 근접하도록 재구성할 수 있기 때문이다. 지오지브라 앱을 이용해 이에 대하여 탐구할 수 있다(그림 7.9).

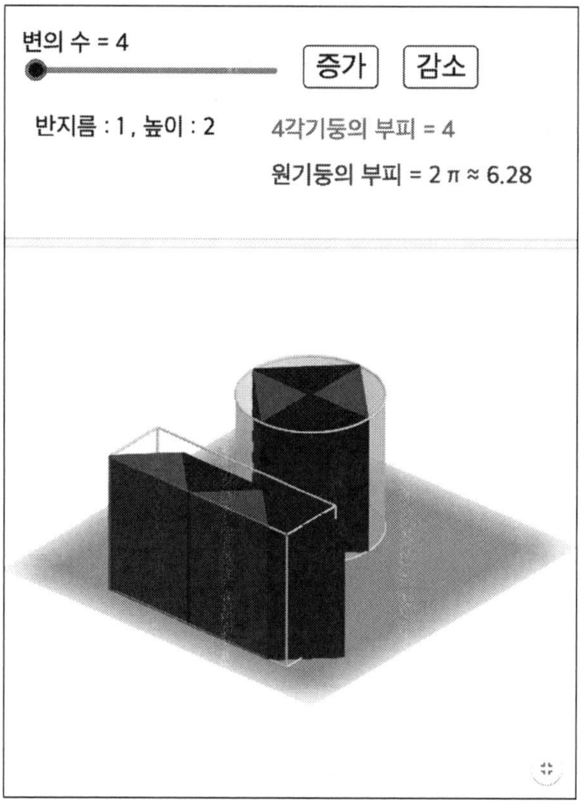

그림 7.9: 원기둥과 사각기둥의 부피 비교

7.4 구와 원기둥, 원뿔의 부피비

아르키메데스는 기원전 287년부터 212년까지 살았던 그리스의 시라쿠사 출신의 철학자, 수학자, 천문학자, 물리학자, 공학자로 그의 삶에 대해서는 많은 기록이 남아있지 않으나 수, 과학에서 다양한 업적을 남긴 것으로 유명하다. 대표적으로는 지레의 원리, 부력의 원리, 원주율의 계산, 실진법의 도입, 포물선으로 둘러싸인 도형의 넓이 계산과 같은 것이 있다.

그의 묘비에는 원기둥에 내접하는 원뿔과 구 그림이 그려져 있었다고 한다. 이를 통해 볼 때 그는 그의 여러 업적 가운데 원뿔과 구와 원기둥의 부피의 비가 1 : 2 : 3이라는 것을 발견한 것에 대하여 가장 자랑스럽게 생각했다고 볼 수 있다. 그는 어떻게 이와 같은 도형의 부피비를 찾을 수 있었을까?

그림 7.10: 아르케메데스의 묘비

그림 7.10과 같은 두 입체 도형을 생각해 보자. 왼쪽은 반구이고, 오른쪽은 원뿔과 원기둥이다. 도형의 단면을 위에서 보면 그림 7.12와 같다.

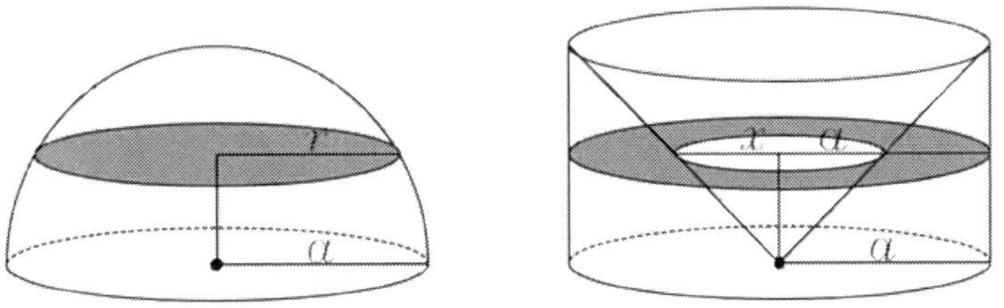

그림 7.11: 반구 그리고 원뿔과 원기둥

반구의 단면과 원기둥과 원뿔이 겹치진 곳의 단면을 잘랐을 때, 단면의 면적에는 어떤 관계가 성립할까? 지오지브라 앱을 이용해 이에 대하여 탐구해 보자(그림 7.13).

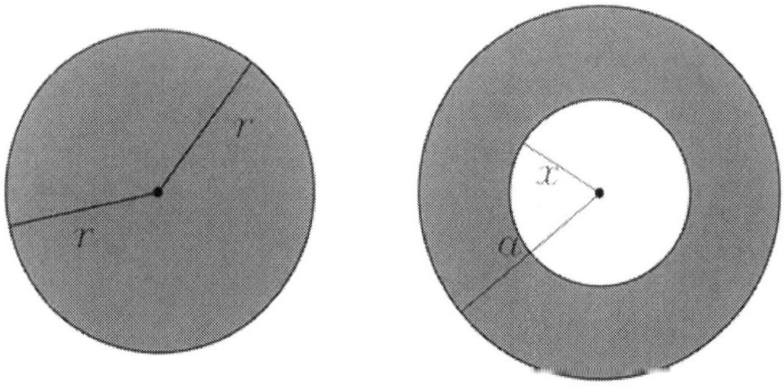

그림 7.12: 반구 그리고 원뿔과 원기둥의 단면

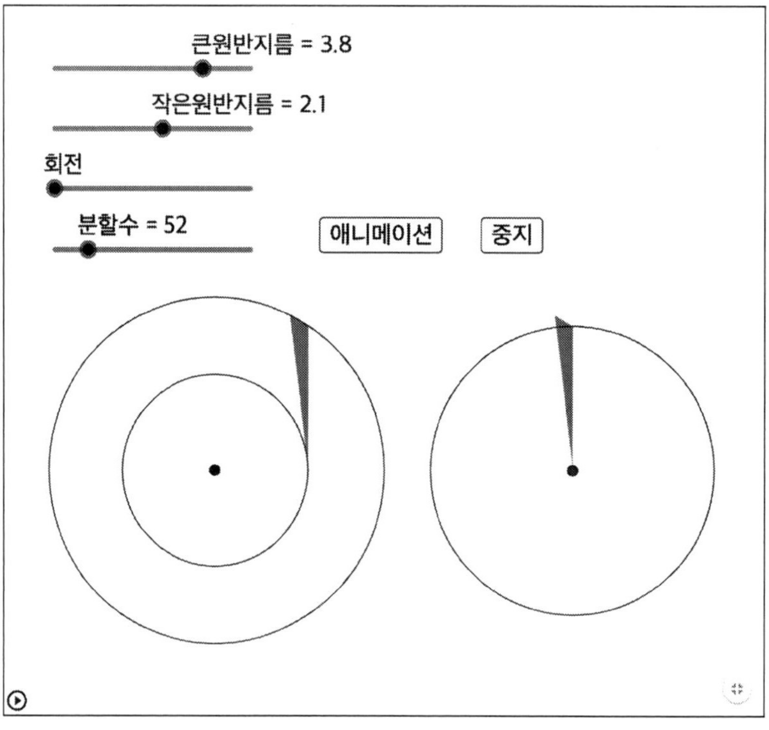

그림 7.13: 마미콘의 정리

결국 원기둥의 단면의 넓이에서 원뿔의 단면의 넓이를 빼면 구의 단면이 된다.

2차원의 단면이 쌓여서 3차원의 부피가 된다는 사고를 이용하면 원기둥의 부피의 1/3인 원뿔의 부피를 빼면 구의 부피가 된다는 것을 알 수 있다. 이것이 아르키메데스가 구의 부피를 구한 방법이다.

원기둥에 구가 내접한다면, 원기둥의 높이는 구의 지름이 되므로 2 × 반지름(r) 이다. 그리고 원기둥의 밑면적은 반지름(r) × 반지름(r) × π 이므로 원기둥의 부피는 $2 \times \pi \times r^3$

이다. 그러면 원기둥의 부피비의 1/3에 해당하는 원뿔의 부피는 $\frac{2}{3}\pi r^3$이고, 구의 부피는 $\frac{4}{3}\pi r^3$이 된다.

원기둥, 구, 원뿔의 부피를 주어진대로 외우지 않고 그 원리를 파악하고 이해하는 과정이 매우 중요하다. 아르키메데스는 원기둥, 구, 원뿔의 부피의 비를 발견하고 이를 가장 귀하게 생각하였다. 지오지브라 앱을 통해 아르키메데스가 느꼈던 수학에서의 아름다움을 함께 공유할 수 있다.

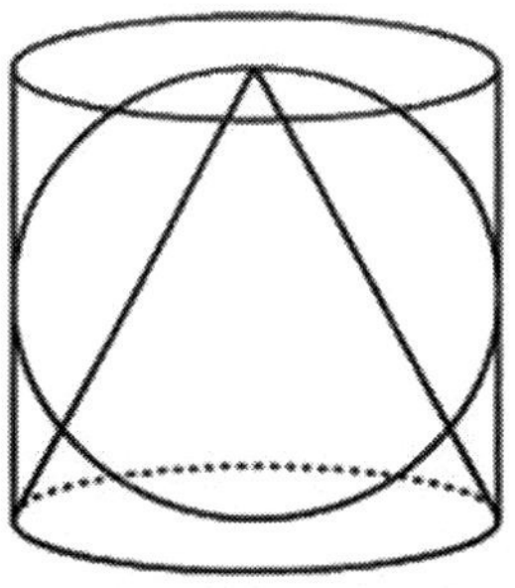

그림 7.14: 원기둥 안에 구와 원뿔이 내접한 모습

CHAPTER 8

이차함수의 성질 탐구하기

요 약

실험적 사고는 과학에서만 통용되는 것이 아니다. 연역적 사고를 주된 도구로 사용하고 있는 수학에서도 실험적 사고는 중요하다. 이 장은 이차함수라는 소재를 가지고 수학적 실험 과정을 경험하도록 활용하는 사례를 제시한다.

8.1 수학 실험

과학에서의 **실험**이란 자연스럽게 나타나는 현상이 아닌, 다양한 설정을 통하여 특정 현상을 끌어내어 관찰하는 것을 의미한다. 이를 통하여 실험을 하는 사람은 새로운 지식을 얻게 되는 것이다.

수학은 연역적으로 대전제를 세우고 이를 바탕으로 논리적으로 참인 명제들을 나열하는 것이라고 생각될 수 있지만 실제 여러 수학 연구자들의 말을 들어보면 그렇지 않은 경우가 많다. 오히려 미지의 대상을 탐색하기 위하여 여러 설정을 바꿔가면서 그때마다 나타나는 현상을 관찰하는 것이 필요한 것이다.

이 장에서는 이차함수에 대하여 **지오지브라의 그래픽 계산기**를 사용하여 수학 실험을 하는 방안에 대하여 제시할 것이다. 이때 독자 여러분도 이차함수의 그래프를 모르고 있다고 가정하기를 바란다.

8.2 이차함수에 대한 수학 실험

8.2.1 좌표평면에 점을 찍자.

지오지브라 그래픽 계산기의 기하창에는 기본적으로 좌표평면이 나타난다. 좌표평면 위에 **점** 도구를 선택 하고 점을 찍자. 이때 점의 y좌표는 x좌표의 제곱수라고 하자. 몇 개의 점을 기하창에 찍어보면 그림 8.1과 같이 될 것이다. 점은 어떤 모양으로 배열되었다고 할 수 있을까?

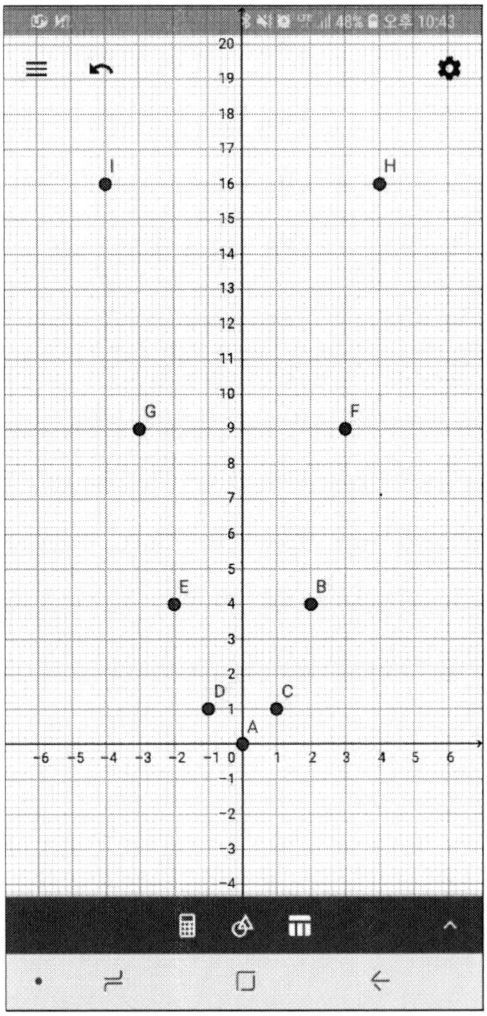

그림 8.1: 기하창에 점 찍기

8.2.2 일반적인 좌표를 입력하자.

지오지브라 그래픽 계산기의 **대수셀**에 점의 일반적인 좌표를 입력하자. 예를 들면 (a, a^2)과 같은 것이다. 이때 a라는 문자가 다른 용도로 사용되지는 않는지 주의해야 한다. **지오지브라**는 x, y, z, t, θ가 아닌 문자가 식을 위해 입력되면 자동으로 해당 문자를 위한 **슬라이더** 를 생성한다. 그림 8.2는 문자 a를 위해 **슬라이더**가 만들어진 것을 보여준다. 기하창 아래에 만들어진 회색점 J가 (a, a^2)를 나타낸다.

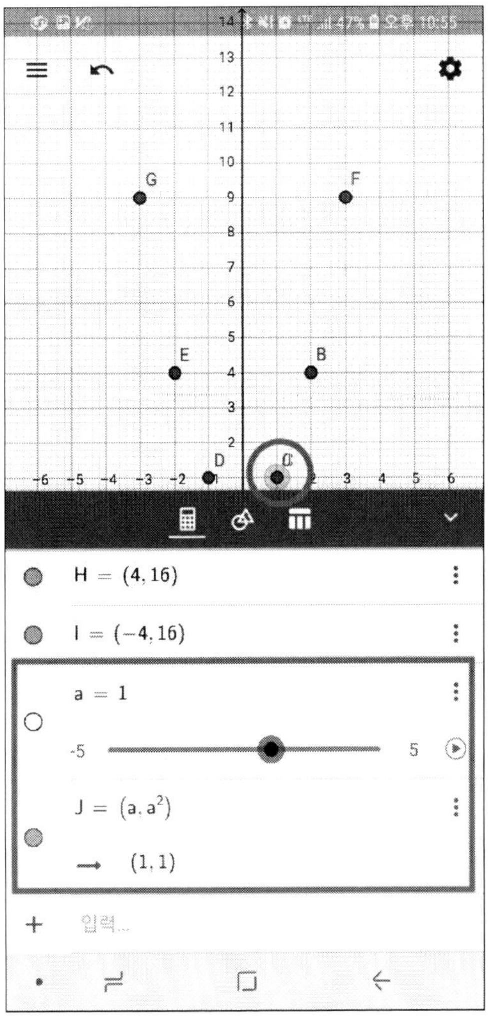

그림 8.2: 대수셀에 (a, a^2)을 입력한 모습. 문자 a를 위한 슬라이더가 만들어졌다.

기하창의 점 J를 터치 하면 점의 설정을 변경할 수 있는 메뉴가 나타난다. ⋮ 를 터치 하면 **설정사항**을 열 수 있다. 여러 항목 가운데 **자취 보이기**를 활성화한다.

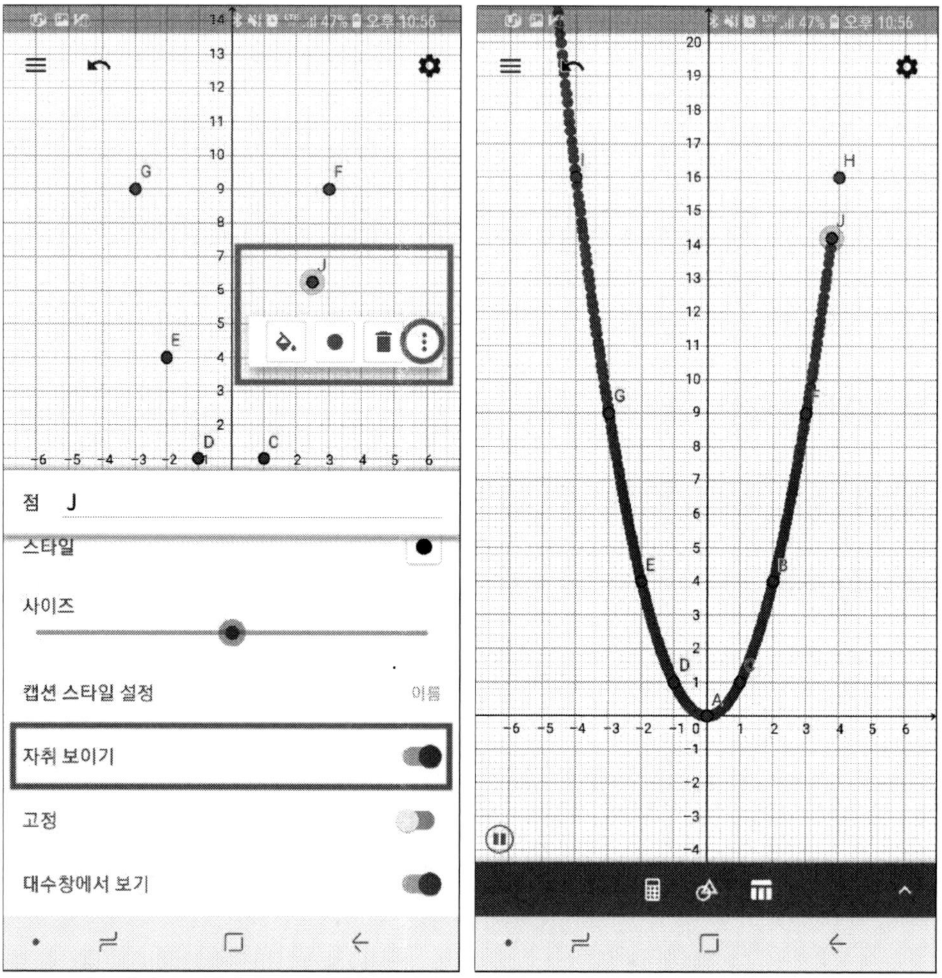

(a) 점 J의 자취 보이기 항목 활성화한 모습

(b) 점 J의 자취

그림 8.3: 점 $J(a, a^2)$의 자취

8.2.3 대수셀에 다양한 함수식을 입력하자.

이차함수 $y = x^2$의 그래프가 아래로 볼록한 곡선(포물선)임을 점의 자취를 통해 알 수 있었다.

이번에는 대수셀에 다양한 함수식을 입력하면서 이차함수가 어떤 그래프를 갖는지 알아보려고 한다. 제시된 3개의 이차함수식을 대수셀에 입력하고 그 모양을 관찰하고 그 성질을 생각해 볼 수 있다.

① $y = x^2 + 2x + 3$

② $y = 3x^2 + 2x$

③ $y = -2x^2 + x$

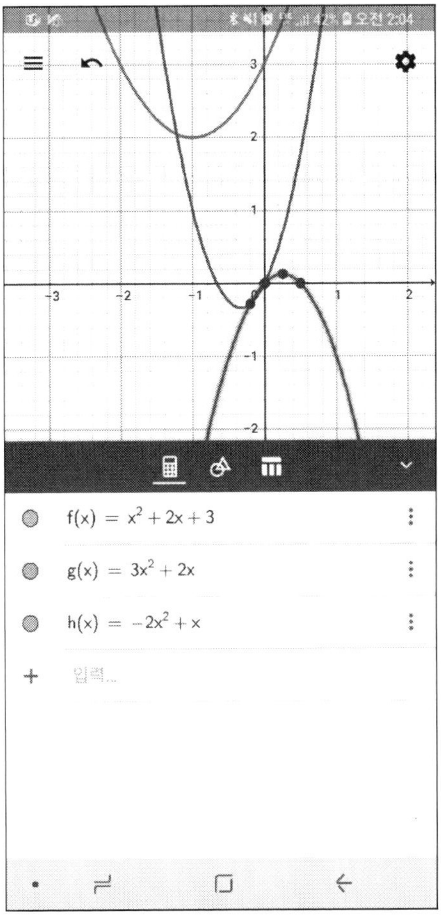

그림 8.4: 세 함수의 그래프

대수셀에 ax^2을 입력해 보자. 이때 a는 다른 식에서 정의되지 않아야 한다. 지오지브라는 문자 a에 대하여 슬라이더를 자동으로 생성할 것이다. 손가락으로 슬라이더 a를 드래그 하면 그에 따라 식이 변화하고 그래프의 모양도 함께 변하는 모습을 볼 수 있다.

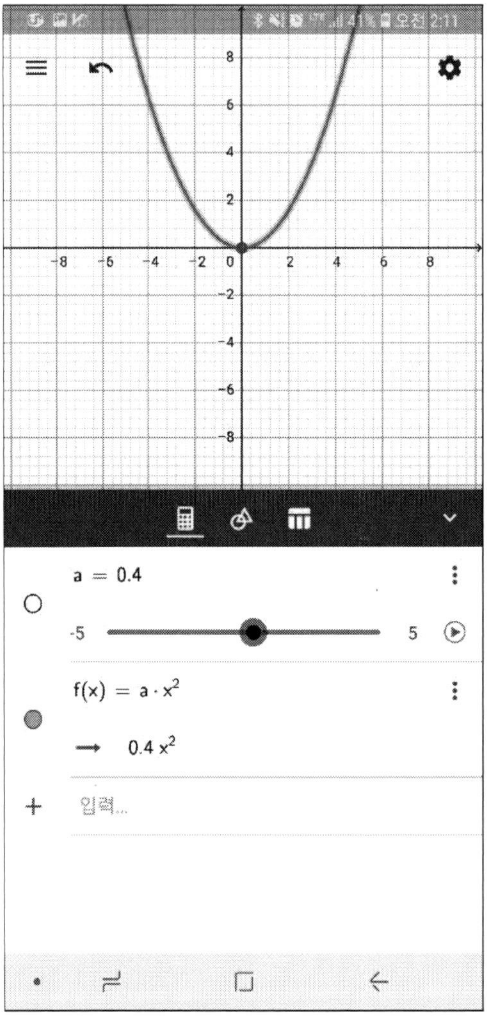

그림 8.5: 대수셀에 함수 $y = ax^2$을 입력한 모습

8.2.4 함수 그래프를 손가락 드래깅으로 움직여보자.

'함수의 평행이동'이라는 말의 기원은 너무나 명백하다. 평행이동이라는 단어가 모두 기하적, 시각적 요소로 되어 있다. 이는 그래프를 평행하게 이동시킨다는 기하적 관점의 표현이 것이다.

지오지브라 그래픽 계산기에서 함수의 그래프를 그린 후 손가락으로 함수의 그래프를 이동시켜 보면 이동하지 않을 것이다. 그래프는 처음 만들어질 때 화면에 고정되기 때문이다. 이를 위해서 그래프의 설정에 들어가 이를 해제해야 한다. 함수의 그래프를 손가락 드래깅 으로 이동시키면 그와 함께 함수의 식이 변화하는 것을 관찰할 수 있다. 이를 통해 평행이동과 식의 변화 사이의 관계를 발견할 수 있다.

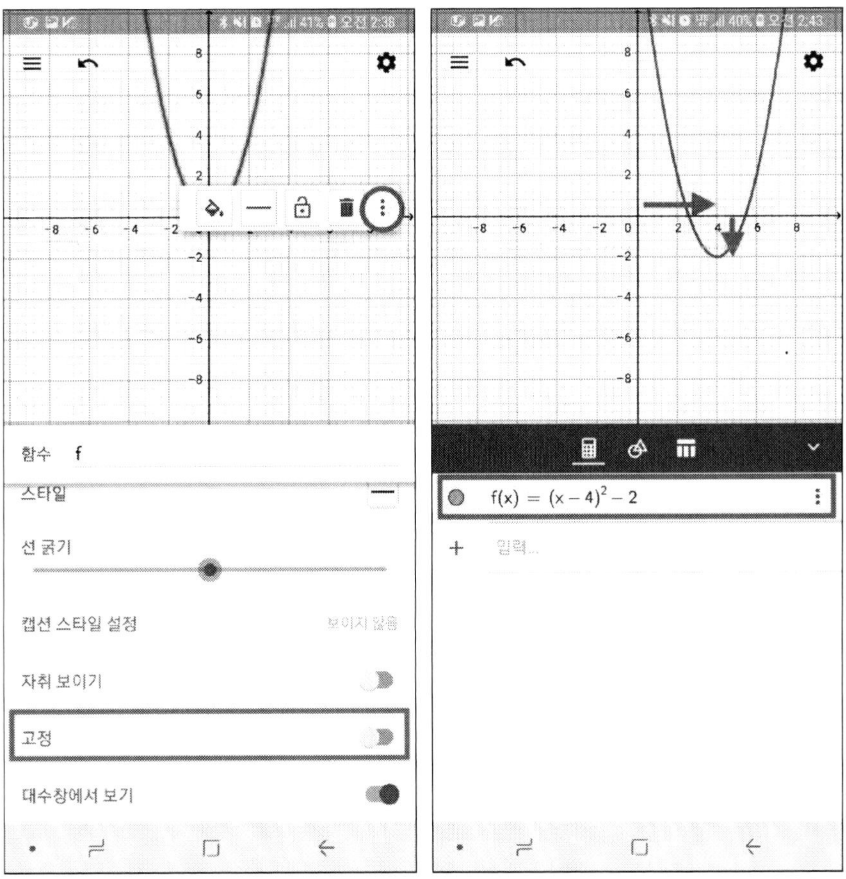

(a) 함수 f의 고정을 해제함 (b) 손가락 드래깅으로 함수의 그래프 평행이동

그림 8.6: 함수의 그래프의 평행이동

8.3 마치면서

아직까지도 수학을 공식의 적용의 측면으로만 바라보는 사람들이 있다. 때로는 수학을 엄밀한 과정을 통해 학습한 사람일수록 과학적이며, 실험적이고 미완성인 수학적 실험보다는, 정교하고 연역적이며 완성된 수학의 아름다움에 더 큰 가치를 두는 경향이 있을 수 있다.

수학은 인간이 다루는 가장 연역적인 학문이면서도 현실에 존재하지도 않는 대상을 탐구하는 가장 두루뭉실한(자유로운) 학문이기도 하다.

칸토르는 이와 같은 이야기를 하였다.

> 수학의 본질은 그것이 갖는 자유로움에 있다.
>
> `Das Wesen der Mathematik liegt in ihrer Freiheit.`

비록 완벽하지는 않다 하더라도 우리의 주변을 수학의 눈으로 바라보고 그것에 대하여 지오지브라 앱을 활용하여 탐구하는 활동이 진정한 수학이 아닐까 생각한다. **지오지브라 그래픽 계산기** 앱과 함께 누구나 자유롭게 수학을 탐구할 수 있기를 바라며 이 장을 마친다.

제 IV 편

참고자료

지오지브라 앱

CHAPTER 9

한국지오지브라연구소

9.1 설립 목적

한국지오지브라연구소[1]는 2011년에 설립되었다. 한국지오지브라연구소는 **국제지오지브라연구소** (IGI; International GeoGebra Institute)의 비전과 목표를 따라 우리나라 지오지브라 사용자를 위하여 다음과 같은 지원을 하는 공식 기관이다.

- 예비 및 현직 교사를 위한 연수
- 각종 지오지브라 관련 문서 출판
- 지오지브라 관련 연구 수행
- 국내외 지오지브라 관련 행사 개최
- 그 외 지오지브라와 관련된 여러 지원 활동

9.2 학회와 연수

한국지오지브라연구소는 매년 수 천명의 수학 교사에게 지오지브라 관련 연수를 통하여 도움을 제공하고 있다. 또한 한국지오지브라연구소는 국제지오지브라연구소와 협력하여 국제학회를 개최하고 있다.[2]

[1] `http://www.geogebra.or.kr/`

[2] 2012년에 개최된 `GeoGebra ICME Pre-conference 2012` 국제학회의 경우 25개국에서 약 160여명이 참여하였으며 각국에서 이루어지고 있는 지오지브라 관련 연구가 발표되었다. 현재 이 학회를 모델로 각국에서도 동일하게 국제학회가 진행되고 있다(`http://wiki.geogebra.org/en/GGB_Korea_2012`).

9.3 온라인 지원 활동

한국지오지브라연구소는 공식 웹사이트[3]와 공식 밴드[4]를 통해 다음과 같은 지원 활동을 하고 있다.

1. 질의 응답

2. 도움말 문서 및 관련 자료 제공

3. 동영상 강좌 제공

4. 수학그림 자료 제공

그림 9.1: 한국지오지브라연구소 웹페이지 (www.geogebra.or.kr)

[3] `http://www.geogebra.or.kr/`

[4] `http://band.us/@geogebra`

그림 9.2: 한국지오지브라 공식밴드 (band.us/@geogebra)

CHAPTER 10

한국교원대학교 융합교육연구소

10.1 설립배경 및 목적

한국교원대학교 융합교육연구소[1]는 현재의 교육 문제를 개선하고 미래 사회에서 요구하는 융합형 인재 육성을 위하여 교사 교육의 새로운 패러다임을 제시하고, 실천적 역량을 길러주기 위한 목적으로 2015년 9월 1일에 설립되었다.

그림 10.1: 융합교육연구소의 설립 목적

[1]http://ceri.knue.ac.kr/

10.2 운영 내용

융합교육연구소는 미래교육에 대한 비전을 제시하고 학생중심, 과정평가, 자유학기제 운영을 위한 예비교사 역량강화에 대한 특성과 전문성을 갖는다.

2016년 이후 중학교 학생들을 대상으로 자유학기제가 전면 시행되고 점차 자유학년제로 변화되어 감에 따라, 세종시 및 충북 교육청과 협력하여 자유학기제의 성공적 운영을 위하여 현장 교사연수 지원 및 예비교사 실습 지원체제를 구축 및 운영하였다.

융합교육연구소는 연구소 운영 1년차(2016년)에 융합 교육 이론과 모델을 개발하고 이를 토대로 2년차(2017년)에 교육프로그램을 개발을 완료하였다.

그림 10.2: 융합 교육 모델

개발된 모델을 토대로 중학교 자유학기제에 운영할 주제 선택 프로그램 학생용 및 교사용 교재 20종을 개발하고 전국적으로 배포하였다. 또한 이에 대한 교사 연수를 운영하고 있다. 자유학기제 주제선택 프로그램 확산 노력의 일환으로 현장교사 직무연수, 전국 초·중등 수석교사회와의 업무협약, 수석교사–예비교사의 멘토-멘티 결연, 2017년 전국 13개 교·사대 학부 강좌 개설, 총 3차례의 전국규모 융합교육축전 및 컨퍼런스를 개최하였고, 학술 논문집 발간과 단행본 서적을 출판하였다.

2017년도 융합교육축전에서는 스웨덴, 핀란드, 인도네시아 관련 기관들과 학술대회 참여를 통해 교류하였으며, 2019년도에는 새로운 교사교육의 체제를 인도네시아 UPI 대학 교사교육프로그램 개발진들과 협력하여 전수하였다.

	과목	프로그램 명		과목	프로그램 명
1	국어1	너와 나의 연결고리: 언어로 이루어진 세상	11	화학	내가 뭔지 밝혀봐!
2	국어2	한글로 세계로	12	생물	살았니? 죽었니?
3	영어1	내게 너의 의미는?	13	지구과학	보이지 않는 너를 상상해
4	영어2	영어 다양성 체험 프로젝트	14	기술	기술을 통한 창업의 세계
5	수학1	서로 다른 눈으로 바라보는 신기한 수학	15	가정	새콤달콤, 알록달록, 알콩달콩
6	수학2	스마트폰으로 수학을 즐겨봐	16	정보1	컴퓨터와 더불어 사는 세상
7	사회	관계, 선택인가? 본능인가?	17	정보2	인공지능이 여는 세상
8	경제	선택에 감춰진 비밀	18	정보3	사물 인터넷과 함께하는 세상
9	지리	너 어디사니? 너 어디야?	19	윤리	동상이몽
10	물리	위아래 방향으로부터 나온 생각	20	음악	음 to the 악

표 10.1: 개발된 자유학기제 교재 목록

찾아보기